# Table des matières

## Introduction : L'ère de l'IA en entreprise

## Chapitre 10 : Études de cas détaillées

- PME : Comment une entreprise de 50 personnes a transformé son service client grâce à l'IA
- ETI : La digitalisation des processus RH par l'IA dans une entreprise de 500 employés
- Grand groupe : Déploiement d'une stratégie IA globale dans une multinationale
- Échecs et leçons apprises : Trois projets IA qui n'ont pas atteint leurs objectifs

## Chapitre 11 : Préparer l'avenir

- Les tendances émergentes en IA pour les 5 prochaines années
- Se préparer aux disruptions de votre secteur
- Développer une capacité d'adaptation continue
- Cas pratique : Exercice de prospective pour votre entreprise

## Conclusion : Votre plan d'action personnalisé

- Les messages clés à retenir
- Votre parcours personnel
- Les prochaines étapes
- Un mot d'encouragement

## Annexes

- Glossaire des termes techniques
- Liste de contrôle de préparation à l'IA
- Modèles de documents (brief projet, cahier des charges, etc.)
- Répertoire de ressources et outils

# Introduction

## L'ère de l'IA en entreprise

Imaginez que vous arrivez au bureau un lundi matin. Votre café à la main, vous saluez vos collègues et allumez votre ordinateur. Pendant que vous consultez vos Emails, Julie de la comptabilité s'arrache les cheveux devant une montagne de factures à traiter avant la fin de la journée. Au service client, Thomas passe sa matinée à répondre aux mêmes questions que la semaine dernière. Dans l'open-space, l'équipe marketing débat sur les tendances qui pourraient séduire leurs clients dans les prochains mois, en se basant principalement sur leur intuition.

Cette scène vous semble familière, n'est-ce pas ? C'est le quotidien de milliers d'entreprises.

Maintenant, projetons-nous quelques mois plus tard dans cette même entreprise.

Julie arrive sereine ce lundi matin. Un système d'intelligence artificielle a prétraité toutes les factures pendant le week-end, les a classées et a même détecté deux anomalies qu'elle n'aurait probablement pas remarquées avant plusieurs heures de travail. Elle peut désormais consacrer sa journée à l'analyse financière stratégique que son directeur lui demande depuis des mois.

Au service client, Thomas est assisté par un chatbot qui répond aux questions fréquentes, lui permettant de se concentrer sur les demandes complexes où son expertise humaine fait vraiment la différence. Il termine sa journée sans cette sensation d'épuisement qui l'accompagnait auparavant.

Quant à l'équipe marketing, elle analyse maintenant les recommandations générées par un outil d'IA qui a traité des millions de données sur les comportements des consommateurs. Leurs campagnes atteignent désormais précisément les personnes les plus susceptibles d'être intéressées, au moment où elles sont réceptives, avec des messages qui résonnent parfaitement avec leurs besoins.

Cette transformation n'est pas de la science-fiction. Elle se produit aujourd'hui, dans des entreprises comme la vôtre.

L'intelligence artificielle n'est plus l'apanage des géants de la technologie ou des start-ups disruptives de la Silicon Valley. Elle est devenue accessible, pratique et, surtout, incontournable pour rester compétitif. Comme l'électricité au début du 20$^{ème}$ siècle, l'IA est en train de transformer fondamentalement la façon dont nous travaillons.
Pourtant, face à cette révolution, beaucoup d'entreprises restent paralysées. Certaines par peur de la complexité technique, d'autres par méfiance envers une technologie qu'elles ne comprennent pas complètement, d'autres encore par simple inertie – cette tendance naturelle à continuer comme avant, jusqu'à ce qu'il soit trop tard.

Si vous tenez ce livre entre vos mains, c'est que vous avez déjà fait le premier pas. Vous avez compris que l'IA n'est pas une option, mais une nécessité. Vous vous demandez simplement : "Par où commencer ?" ou peut-être "Sommes-nous vraiment prêts ?"

Ce livre est votre guide pratique dans ce nouveau territoire. Imaginez-le comme un GPS qui vous aiderait à naviguer dans une ville inconnue.

Nous allons d'abord déterminer où vous vous trouvez actuellement sur la carte de la maturité IA. Puis, étape par étape, nous tracerons ensemble l'itinéraire le plus adapté à votre entreprise, en évitant les embouteillages des approches trop complexes et les impasses des solutions inadaptées.

Vous n'avez pas besoin d'être un expert technique pour comprendre et appliquer les concepts présentés ici. Si vous savez ce qu'est un smartphone, vous avez déjà une idée de ce qu'est l'intelligence artificielle – un outil qui apprend de vos habitudes pour mieux vous servir. La différence ? L'échelle et la puissance des applications possibles dans votre entreprise.

À travers ces pages, vous découvrirez des histoires d'entreprises comme la vôtre – des PME aux grands groupes – qui ont réussi leur transition vers l'IA. Vous apprendrez de leurs succès, mais aussi de leurs échecs. Car oui, nous parlerons aussi des projets qui n'ont pas fonctionné et des leçons précieuses qu'ils nous enseignent.

Chaque chapitre se termine par un cas pratique concret et des actions que vous pourrez mettre en œuvre dès demain. Car la théorie sans pratique reste lettre morte.

Alors, votre entreprise est-elle prête pour l'IA ? Probablement pas entièrement. Mais ce n'est pas grave. Personne ne l'est complètement. L'important est de commencer le voyage avec les bonnes cartes et la bonne boussole.

Tournez la page, et faisons ensemble les premiers pas vers une entreprise augmentée par l'intelligence artificielle – une entreprise où la technologie amplifie le potentiel humain plutôt que de le remplacer, où l'innovation devient un état d'esprit plutôt qu'un département, et où chaque décision est éclairée par des données pertinentes plutôt que par de simples intuitions.

Bienvenue dans l'ère de l'IA en entreprise. Votre transformation commence maintenant.

# Chapitre 1

## Évaluez votre niveau de préparation à l'IA

Avant de vous lancer dans l'aventure de l'intelligence artificielle, il est essentiel de savoir où vous vous situez. Comme un voyageur qui consulte une carte avant de partir, vous devez connaître votre point de départ pour tracer le meilleur itinéraire.

## Test d'auto-diagnostic : où se situe votre entreprise ?

Imaginez que vous emmeniez votre voiture chez le garagiste pour un contrôle technique. Le mécanicien ne commence pas immédiatement à remplacer des pièces ou à faire des réglages. Il effectue d'abord un diagnostic complet : état du moteur, des freins, de la transmission, de l'électronique... C'est exactement ce que nous allons faire avec votre entreprise.

Voici un test d'auto-évaluation simple mais révélateur. Pour chaque question, notez votre entreprise de 1 à 5 :

**1** = Pas du tout
**2** = Très peu
**3** = Partiellement
**4** = En grande partie
**5** = Totalement

## Section 1 : Culture et stratégie

1. **Vision claire** : Votre direction a-t-elle une vision claire de ce que l'IA pourrait apporter à l'entreprise ?
2. **Alignement stratégique** : L'IA est-elle considérée comme un élément de votre stratégie d'entreprise (et pas seulement comme un projet IT) ?

3. **Culture d'innovation** : Votre entreprise encourage-t-elle l'expérimentation et tolère-t-elle l'échec comme partie du processus d'apprentissage ?
4. **Sensibilisation** : Vos collaborateurs comprennent-ils les bases de l'IA et son potentiel impact sur leur travail ?
5. **Leadership**: Existe-t-il un leader au niveau de la direction pour porter les initiatives liées à l'IA ?

## Section 2 : Données

6. **Disponibilité** : Disposez-vous de données pertinentes et en quantité suffisante pour les domaines où vous envisagez d'utiliser l'IA ?
7. **Qualité** : Vos données sont-elles fiables, à jour et exemptes d'erreurs significatives ?
8. **Accessibilité** : Vos données sont-elles aisément disponibles ?
9. **Gouvernance** : Avez-vous mis en place des processus de gouvernance des données (propriété, cycle de vie, sécurité) ?
10. **Conformité** : Êtes-vous en conformité avec les réglementations sur la protection des données ?

## Section 3 : Compétences et organisation

11. **Expertise interne**: Disposez-vous de collaborateurs ayant des compétences en science des données ou en IA ?
12. **Formation** : Avez-vous un plan de développement des compétences liées à l'IA pour vos équipes ?
13. **Organisation** : Existe-t-il des rôles ou équipes dédiés à l'innovation technologique ou à la transformation digitale ?
14. **Collaboration** : Les équipes métier et IT collaborent-elles efficacement sur les projets digitaux ?
15. **Recrutement** : Votre stratégie de recrutement intègre-t-elle les besoins en nouvelles compétences liées à l'IA ?

## Section 4 : Technologie et infrastructure

16. **Infrastructure IT** : Votre infrastructure technique est-elle moderne et flexible (cloud, API, etc.) ?
17. **Outils d'analyse** : Utilisez-vous déjà des outils d'analyse de données ou de business intelligence ?
18. **Intégration** : Vos systèmes sont-ils bien ?
19. **Sécurité** : Vos systèmes sont-ils suffisamment sécurisés pour protéger des données sensibles ?
20. **Agilité** : Pouvez-vous déployer rapidement de nouvelles solutions technologiques ?

## Section 5 : Expérience et maturité

21. **Projets pilotes** : Avez-vous déjà mené des projets pilotes utilisant des technologies d'IA ?
22. **Mesure de performance** : Avez-vous défini des indicateurs clairs pour mesurer le succès de vos initiatives digitales ?
23. **Retour sur investissement** : Avez-vous une méthode pour évaluer le ROI des projets technologiques ?
24. **Apprentissage** : Tirez-vous des leçons structurées de vos succèe et échecs passés ?
25. **Veille**: Suivez-vous activement les évolutions et tendances en matière d'IA dans votre secteur ?

## Interprétation de vos résultats

Additionnez vos points pour obtenir votre score total :

**25-50 points : Niveau Débutant**
Votre entreprise en est aux premiers stades de sa préparation à l'IA. Vous avez probablement des lacunes importantes dans plusieurs domaines clés. Ne vous découragez pas ! Chaque transformation commence quelque part, et vous avez maintenant une vision claire des aspects à améliorer en priorité.

### 51-75 points : Niveau Intermédiaire

Votre entreprise a déjà posé certaines bases nécessaires à l'adoption de l'IA. Vous avez probablement des points forts dans certains domaines, mais des faiblesses dans d'autres. Concentrez-vous sur le renforcement de vos points faibles tout en capitalisant sur vos acquis.

### 76-100 points : Niveau Avancé

Félicitations ! Votre entreprise est bien positionnée pour tirer parti de l'IA. Vous avez probablement déjà une culture, des compétences et une infrastructure qui favorisent l'innovation. Vous êtes prêt à passer à l'étape suivante : l'implémentation stratégique de solutions d'IA à plus grande échelle.

### 101-125 points : Niveau Expert

Votre entreprise fait partie des pionniers en matière d'adoption de l'IA. Vous avez probablement déjà intégré l'IA dans plusieurs aspects de votre activité et disposez d'une approche mature et structurée. Votre défi est maintenant d'étendre ces succès et de rester à la pointe de l'innovation.

## Les 5 dimensions de la maturité IA en entreprise

Votre score global vous donne une première indication, mais l'analyse par dimension est encore plus révélatrice. Calculez votre score pour chaque section (maximum 25 points par section) pour identifier vos forces et vos faiblesses.

## Culture et stratégie

Cette dimension est fondamentale car sans vision claire et sans adhésion de la direction, les initiatives IA risquent de rester des projets isolés sans impact transformationnel. Comme pour un orchestre, sans chef pour donner le tempo et la direction, même les meilleurs musiciens ne produiront qu'une cacophonie.

### Données

Les données sont le carburant de l'IA. Sans données de qualité, même les algorithmes les plus sophistiqués ne produiront que des résultats médiocres. C'est comme essayer de faire un gâteau avec des ingrédients périmés ou inadaptés – peu importe la qualité de votre four ou de votre recette, le résultat sera décevant.

### Compétences et organisation

L'IA nécessite non seulement des compétences techniques spécifiques, mais aussi une organisation capable d'intégrer ces nouvelles façons de travailler. Imaginez que vous achetiez un piano à queue pour votre appartement – sans pianiste pour en jouer et sans espace adapté pour l'accueillir, il ne sera qu'un meuble encombrant et coûteux.

### Technologie et infrastructure

Une infrastructure technique moderne et flexible est essentielle pour déployer des solutions d'IA. C'est comme construire une maison – sans fondations solides et sans réseau électrique adapté, vous ne pourrez pas installer les équipements modernes nécessaires à votre confort.

### Expérience et maturité

L'expérience acquise à travers des projets concrets, même modestes, est inestimable. C'est comme apprendre à nager – toute la théorie du monde ne remplacera jamais l'expérience de se jeter à l'eau et de faire ses premiers mouvements.

# Identifier vos forces et vos faiblesses actuelles

Maintenant que vous avez une vision claire de votre niveau de préparation global et par dimension, prenons un moment pour analyser plus finement vos résultats.

Identifiez les trois questions où vous avez obtenu les scores les plus élevés. Ce sont vos points forts, les fondations sur lesquelles vous pouvez construire votre stratégie IA. Par exemple, si vous avez une excellente gouvernance des données (question 9), une forte culture d'innovation (question 3) et une bonne collaboration entre équipes métier et IT (question 14), vous disposez déjà d'atouts majeurs.

À l'inverse, repérez les trois questions où vous avez obtenu les scores les plus faibles. Ce sont vos axes d'amélioration prioritaires. Par exemple, si vous manquez d'expertise interne (question 11) et si vous n'avez pas encore mené de projets pilotes (question 21), vous savez par où commencer.

Cette analyse vous permet d'élaborer un plan d'action sur mesure, adapté à votre situation spécifique, plutôt que de suivre une approche générique qui ne tiendrait pas compte de vos particularités.

## Cas pratique : Le parcours de 3 entreprises à différents niveaux de maturité

Pour illustrer comment différentes entreprises peuvent aborder leur transformation IA en fonction de leur niveau de maturité, examinons trois cas concrets.

### Entreprise A : Niveau Débutant (Score : 42)

PME familiale de 80 employés dans le secteur de la distribution, l'entreprise A utilise encore des processus largement manuels et des systèmes informatiques vieillissants. Ses données sont éparpillées entre différents fichiers Excel et un ERP obsolète.

**Points forts :** Direction ouverte au changement, bonne connaissance de leurs clients, équipe soudée.

**Points faibles :** Absence de compétences techniques, données non structurées, pas d'expérience en projets digitaux.

**Approche adoptée :** L'entreprise A a commencé par un petit projet ciblé : l'automatisation de la saisie des bons de commande à l'aide d'une solution d'OCR (reconnaissance optique de caractères) couplé à un algorithme simple. Ce projet modeste a permis de :

- Démontrer rapidement la valeur de l'IA avec un ROI visible
- Former progressivement l'équipe aux concepts de base
- Initier un travail de structuration des données
- Créer un premier succès qui a motivé l'équipe pour aller plus loin

## Entreprise B : Niveau Intermédiaire (Score : 68)

ETI de 350 employés dans le secteur des services financiers, l'entreprise B a déjà entamé sa transformation digitale. Elle dispose d'une infrastructure IT moderne et de quelques analystes de données, mais n'a pas encore de stratégie IA cohérente.

**Points forts :** Données de qualité, infrastructure cloud, culture analytique.

**Points faibles :** Manque de vision stratégique pour l'IA, compétences avancées limitées.

**Approche adoptée :** L'entreprise B a créé un "centre d'excellence IA" transverse, composé de représentants des différents départements et soutenu par des experts externes. Ce projet a :

- Élaboré une feuille de route IA alignée avec les objectifs business

- Identifié et priorisé 5 cas d'usage à fort potentiel
- Mis en place un programme de formation pour développer les compétences en interne
- Lancé deux projets pilotes en parallèle pour créer une dynamique

## Entreprise C : Niveau Avancé (Score : 89)

Grande entreprise de 2000 employés dans le secteur technologique, l'entreprise C a déjà intégré l'IA dans plusieurs de ses processus. Elle dispose d'une équipe data science et d'une infrastructure mature.

**Points forts :** Expertise technique, culture data-driven, expérience en projets IA.

**Points faibles :** Difficulté à passer à l'échelle, adoption inégale selon les départements, mesure du ROI perfectible.

**Approche adoptée :** L'entreprise C a mis en place une "IA factory" industrialisant le développement et le déploiement de solutions IA :
- Création d'une plateforme technique commune réutilisable
- Standardisation des méthodologies et des processus
- Programme d'accompagnement au changement pour les utilisateurs
- Mise en place d'un tableau de bord de suivi de la valeur créée

Ces trois exemples illustrent comment adapter votre approche en fonction de votre niveau de maturité. Il n'existe pas de recette universelle – le chemin optimal dépend de votre point de départ, de vos objectifs et de votre contexte spécifique.

## Prochaines étapes : par où commencer ?

Maintenant que vous avez évalué votre niveau de préparation à l'IA, vous vous demandez probablement : "Et maintenant, que faire ?"

La réponse dépend de votre score et de l'analyse de vos forces et faiblesses, mais voici quelques recommandations générales pour chaque niveau :

## Si vous êtes au niveau Débutant :

1. Commencez par sensibiliser votre direction et vos équipes aux fondamentaux de l'IA
2. Identifiez un "quick win" : un problème simple mais concret que l'IA pourrait résoudre
3. Lancez un projet pilote très ciblé avec l'aide d'experts externes si nécessaire
4. Initiez un travail de fond sur la qualité et l'organisation de vos données
5. Développez progressivement les compétences en interne par la formation

## Si vous êtes au niveau Intermédiaire :

1. Élaborez une vision stratégique de l'IA pour votre entreprise

2. Créez une structure de gouvernance transverse pour piloter vos initiatives IA
3. Identifiez et priorisez 3 à 5 cas d'usage à fort potentiel
4. Renforcez vos compétences internes et recrutez des profils clés
5. Mettez en place des indicateurs de performance pour mesurer l'impact

## Si vous êtes au niveau Avancé ou Expert :

1. Industrialisez votre approche pour passer à l'échelle
2. Intégrez l'IA dans votre culture d'entreprise et vos processus métier
3. Développez une plateforme technique commune et réutilisable
4. Explorez des cas d'usage plus sophistiqués et innovants
5. Partagez votre expérience et devenez un leader d'opinion dans votre secteur

Dans les chapitres suivants, nous approfondirons chacun de ces aspects et vous fournirons des outils concrets pour progresser, quel que soit votre niveau de départ.

L'important est de commencer, même modestement, et d'apprendre en faisant. Comme le dit le proverbe chinois : "*Le meilleur moment pour planter un arbre était il y a 20 ans. Le deuxième meilleur moment, c'est maintenant.*"

Votre voyage vers une entreprise augmentée par l'IA commence aujourd'hui, avec une compréhension claire de votre point de départ et une vision des possibilités qui s'offrent à vous.

# Chapitre 2

## Comprendre l'IA sans être un expert technique

Vous avez probablement déjà entendu des termes comme "machine learning", "deep learning", "réseaux de neurones" ou "algorithmes prédictifs". Ces concepts peuvent sembler intimidants si vous n'avez pas de formation technique. Pourtant, comprendre les fondamentaux de l'IA est essentiel pour prendre les bonnes décisions stratégiques.

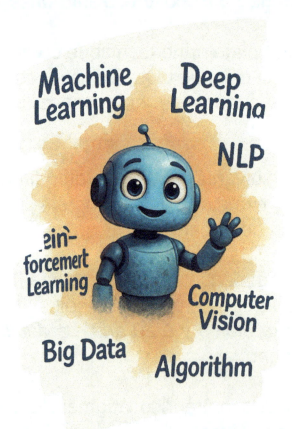

Dans ce chapitre, nous allons démystifier l'IA et vous donner les clés pour comprendre ses applications concrètes en entreprise, sans vous noyer dans les détails techniques.

# Les fondamentaux de l'IA expliqués simplement

## Qu'est-ce que l'intelligence artificielle, vraiment ?

Imaginez que vous embauchiez un nouvel employé. Au début, vous devez lui expliquer précisément comment effectuer chaque tâche, étape par étape. C'est l'informatique traditionnelle : un ordinateur qui suit des instructions précises (un programme) écrites par un humain.

Maintenant, imaginez un employé qui, après avoir observé comment vous et vos collègues travaillez, apprend par lui-même à effectuer certaines tâches. Il identifie des modèles, des régularités dans votre façon de travailler, et s'améliore avec l'expérience. C'est l'essence même de l'intelligence artificielle : des systèmes qui apprennent à partir de données plutôt que de suivre des instructions explicites.

L'IA n'est pas une technologie unique, mais plutôt un ensemble de techniques qui permettent aux machines d'apprendre, de raisonner et d'agir. Comme un couteau suisse, elle offre différents outils adaptés à différentes situations.

## L'apprentissage automatique (Machine Learning) : le cœur de l'IA moderne

Le machine learning est la branche de l'IA qui connaît le plus grand essor aujourd'hui. Son principe est simple à comprendre : au lieu de programmer explicitement un ordinateur pour accomplir une tâche, on lui fournit des données et on le laisse "apprendre" par lui-même.

Prenons un exemple concret :
la détection des courriels frauduleux.

Approche traditionnelle : Un programmeur écrit des règles explicites comme "si l'email contient le mot 'viagra' ET vient d'une adresse in-

connue ET contient des fautes d'orthographe, ALORS c'est probablement un spam".

Approche machine learning : On montre au système des milliers
d'exemples d'emails légitimes et frauduleux. Le système identifie
par lui-même les caractéristiques qui distinguent les spams des
emails légitimes, et s'améliore au fil du temps en voyant de nouveaux exemples.

L'avantage ? Le système peut identifier des modèles subtils qu'un
humain n'aurait pas pensé à programmer explicitement, et il
s'adapte automatiquement à l'évolution des techniques de fraude.

## Le deep learning : quand l'IA s'inspire du cerveau hu-
main

Le deep learning (apprentissage profond) est une forme avancée
de machine learning qui utilise des "réseaux de neurones artificiels"
inspirés du fonctionnement du cerveau humain.
Pour simplifier, imaginez une entreprise avec plusieurs niveaux hié-
rarchiques. Les informations entrent au niveau des employés de
première ligne, sont traitées, puis transmises aux managers, qui les
traitent à leur tour avant de les transmettre à la direction, et ainsi de
suite. Chaque niveau extrait des informations de plus en plus abs-
traites et pertinentes.
C'est ainsi que fonctionnent les réseaux de neurones profonds : ils
traitent l'information à travers plusieurs couches, chacune speciali-
sée dans la détection de caractéristiques de plus en plus complexes.
Cette approche est particulièrement puissante pour traiter des données non structurées comme les images, les vidéos, l'audio ou le
texte libre. C'est ce qui permet à votre smartphone de reconnaître
votre visage, à votre assistant vocal de comprendre vos questions,
ou à un système de traduction automatique de saisir les nuances
du langage.

# Les différentes formes d'IA et leurs applications en entreprise

L'IA n'est pas monolithique. Elle se décline en différentes formes, chacune adaptée à des types de problèmes spécifiques. Voici les principales catégories et leurs applications concrètes en entreprise :

## 1. L'IA analytique : transformer les données en insights

**Ce qu'elle fait :** Elle analyse de grandes quantités de données pour identifier des tendances, faire des prédictions ou optimiser des décisions.

**Applications en entreprise :**

- **Prévision des ventes :** Anticiper la demande pour optimiser les stocks et la production
- **Détection de fraude :** Identifier les transactions suspectes en temps réel
- **Maintenance prédictive :** Prévoir les pannes avant qu'elles ne surviennent
- **Segmentation client :** Identifier des groupes de clients aux comportements similaires
- **Optimisation des prix :** Ajuster les tarifs en fonction de multiples facteurs (demande, concurrence, etc.)

**Exemple concret :** Une chaîne de supermarchés utilise l'IA pour prévoir ses ventes quotidiennes par magasin et par produit. Le système prend en compte les ventes historiques, mais aussi la météo, les événements locaux, les promotions en cours, et même les tendances sur les réseaux sociaux.
Résultat : une réduction de 30% des ruptures de stock et de 25% des invendus périssables.

## 2. L'IA conversationnelle : dialoguer avec les machines

**Ce qu'elle fait :** Elle permet aux machines de comprendre et de générer du langage humain, facilitant l'interaction homme-machine.

**Applications en entreprise :**

- **Chatbots et assistants virtuels :** Répondre aux questions fréquentes des clients ou employés
- **Analyse de sentiment :** Évaluer la tonalité émotionnelle des commentaires clients
- **Résumé automatique :** Synthétiser de longs documents ou rapports
- **Traduction automatique :** Faciliter la communication internationale
- **Assistants de réunion :** Transcrire et résumer les discussions

**Exemple concret :** Une banque a déployé un assistant virtuel qui répond aux questions courantes des clients (solde, dernières transactions, etc.) et peut effectuer des opérations simples (virements, opposition carte). Le système reconnaît plus de 200 intentions différentes et traite 65% des demandes sans intervention humaine, tout en maintenant un taux de satisfaction client de 92%.

## 3. L'IA perceptive : voir, entendre et comprendre le monde

**Ce qu'elle fait :** Elle permet aux machines de percevoir et d'interpréter le monde physique à travers des capteurs (caméras, microphones, etc.).

**Applications en entreprise :**

- **Reconnaissance d'images :** Identifier des objets, personnes ou situations
- **Contrôle qualité visuel :** Détecter des défauts sur une chaîne de production

- **Reconnaissance vocale :** Transcrire la parole en texte
- **Analyse de documents :** Extraire automatiquement des informations de formulaires ou factures
- **Surveillance vidéo intelligente :** Détecter des situations anormales ou dangereuses

**Exemple concret :** Un fabricant automobile utilise des caméras couplées à l'IA pour inspecter chaque véhicule en fin de chaîne. Le système peut détecter des défauts de peinture, des pièces mal assemblées ou des éléments manquants avec une précision supérieure à celle de l'œil humain, réduisant les problèmes qualité de 23%.

## 4. L'IA décisionnelle : optimiser les choix complexes

**Ce qu'elle fait :** Elle aide à prendre des décisions optimales dans des environnements complexes avec de nombreuses variables et contraintes.

**Applications en entreprise :**

- **Optimisation logistique :** Planifier les itinéraires de livraison les plus efficaces
- **Allocation de ressources :** Distribuer optimalement le personnel, les machines ou le budget
- **Recommandation produit :** Suggérer les articles les plus pertinents pour chaque client
- **Gestion de portefeuille :** Optimiser les investissements financiers
- **Planification de production :** Maximiser l'efficacité des lignes de fabrication

**Exemple concret :** Une entreprise de livraison utilise l'IA pour optimiser ses tournées quotidiennes. Le système prend en compte le trafic en temps réel, les créneaux de livraison préférés des clients, les capacités des véhicules, et même la consommation de carburant selon le parcours.

Résultat : 15% de livraisons supplémentaires par jour et 22% de réduction des émissions de $CO_2$.

# Comment distinguer le potentiel réel du simple effet de mode

Dans un domaine aussi médiatisé que l'IA, il est facile de se laisser séduire par des promesses irréalistes ou des technologies pas encore matures. Voici quelques principes pour garder les pieds sur terre :

## Le test de la valeur business

Posez-vous toujours cette question : "Quel problème business concret cette technologie résout-elle pour mon entreprise ?" Si la réponse n'est pas claire, méfiez-vous.

L'IA n'est pas une fin en soi, mais un moyen d'atteindre des objectifs business : réduire les coûts, augmenter les revenus, améliorer l'expérience client, accélérer l'innovation, etc.

## Le test de la maturité technologique

Toutes les technologies d'IA ne sont pas au même stade de maturité. Certaines sont éprouvées et prêtes à être déployées en production, d'autres sont encore expérimentales.

Voici un guide simplifié :

**Technologies matures, prêtes pour le déploiement :**

- Reconnaissance d'images pour des cas d'usage standards
- Chatbots pour des scénaris bien définis
- Analyse prédictive sur des données structurées
- Traitement automatique de documents
- Systèmes de recommandation

**Technologies en développement, à aborder avec prudence :**

- Génération de contenu créatif (texte, images, musique)
- Compréhension avancée du langage naturel
- Prise de décision autonome dans des environnements complexes
- Robotique avancée
- Systèmes d'IA générale

## Le test des données

L'IA est gourmande en données. Avant de vous lancer, évaluez honnêtement :

- Disposez-vous des données nécessaires en quantité suffisante ?
- Ces données sont-elles de bonne qualité (complètes, précises, à jour) ?
- Avez-vous le droit d'utiliser ces données pour l'usage envisagé ?

Sans données adéquates, même la technologie la plus sophistiquée échouera.

## Le test de l'intégration

Une solution d'IA ne fonctionne pas en isolation. Elle doit s'intégrer à votre écosystème existant :

- Est-elle compatible avec vos systèmes actuels ?
- Nécessite-t-elle des changements majeurs dans vos processus ?
- Vos équipes sont-elles prêtes à l'adopter?

La meilleure technologie du monde est inutile si personne ne l'utilise.

# Cas pratique : Décoder les promesses des fournisseurs de solutions IA

Dans votre parcours d'adoption de l'IA, vous serez inévitablement confronté à des fournisseurs vantant les mérites de leurs solutions. Comment faire le tri entre les propositions de valeur réelles et le simple marketing ?

Prenons un exemple concret : votre entreprise souhaite améliorer son service client et plusieurs fournisseurs vous proposent des solutions basées sur l'IA.

## Fournisseur A : "Notre plateforme d'IA révolutionnaire transformera votre service client grâce à des algorithmes propriétaires de pointe. »

**Analyse critique :**

- Langage vague et hyperbolique ("révolutionnaire", "de pointe")
- Absence de détails sur les problèmes spécifiques résolus
- Mention d'algorithmes "propriétaires" sans explication de leur valeur ajoutée
- Aucune référence à des résultats mesurables

**Questions à poser :**

- Quels problèmes précis votre solution résout-elle ?
- Quels résultats concrets ont obtenu vos clients existants ?
- Comment votre technologie s'intègre-t-elle à nos systèmes actuels ?
- Quelles données sont nécessaires pour que votre solution fonctionne ?

**Fournisseur B : "Notre assistant virtuel réduit de 30% le volume d'appels au service client en répondant automatiquement aux 20 questions les plus fréquentes. Déploiement en 6 semaines, intégration native avec Salesforce et Zendesk. »**

**Analyse critique :**

- Promesse claire et quantifiée (réduction de 30% du volume d'appels)
- Périmètre bien défini (20 questions les plus fréquentes)
- Délai de mise en œuvre précis (6 semaines)
- Mention de l'intégration avec des systèmes courants

**Questions à poser :**

- Comment avez-vous mesuré cette réduction de 30% ? Dans quels contextes ?
- Quelle est la satisfaction client pour les interactions gérées par l'assistant ?
- Quelles sont les limites de votre solution ?
- Quand l'assistant transfère-t-il à un humain ?
- Quelles données devrons-nous fournir pour entraîner l'assistant ?

## Grille d'évaluation des promesses

Pour vous aider à évaluer les propositions des fournisseurs, voici une grille simple :

1. **Clarté du problème résolu :**

   - La solution répond-elle à un problème business clairement identifié ?
   - L'impact attendu est-il quantifiable ?

2. **Réalisme des promesses :**

   - Les bénéfices annoncés sont-ils cohérents avec l'état de l'art ?
   - Le fournisseur reconnaît-il honnêtement les limites de sa solution ?

3. **Preuves et références :**

   - Le fournisseur peut-il démontrer des résultats concrets chez d'autres clients ?
   - Ces références sont-elles vérifiables et pertinentes pour votre contexte ?

4. **Exigences en données :**

   - Les besoins en données sont-ils clairement explicités ?
   - Ces exigences sont-elles compatibles avec votre situation ?

5. **Intégration et déploiement :**

   - La solution s'intègre-t-elle facilement à votre environnement existant ?
   - Le plan de déploiement est-il réaliste et bien défini ?

6. **Modèle économique :**

   - La structure de coûts est-elle transparente et prévisible ?
   - Le retour sur investissement est-il crédible et calculable ?

En appliquant cette grille, vous serez mieux armé pour distinguer les solutions à fort potentiel des simples effets d'annonce.

## Les mythes et réalités de l'IA en entreprise

Pour conclure ce chapitre, dissipons quelques mythes tenaces sur l'IA et rétablissons la réalité.

## Mythe 1 : "L'IA va remplacer tous les emplois »

**Réalité :** L'IA transforme les emplois plus qu'elle ne les supprime. Elle automatise certaines tâches répétitives, mais crée de la valeur en permettant aux humains de se concentrer sur des activités à plus forte valeur ajoutée : créativité, empathie, jugement complexe, etc.

Les entreprises qui réussissent avec l'IA sont celles qui repensent les rôles humains plutôt que de simplement les éliminer.

## Mythe 2 : "L'IA n'est accessible qu'aux grandes entreprises avec d'énormes budgets »

**Réalité :** La démocratisation de l'IA est en marche. Des solutions cloud abordables, des plateformes "no-code" et des API prêtes à l'emploi rendent l'IA accessible même aux PME.

L'investissement initial peut être modeste si l'on commence par des projets ciblés à fort impact.

## Mythe 3 : "L'IA prend des décisions toute seule, sans intervention humaine »

**Réalité :** Dans la grande majorité des applications actuelles, l'IA est un outil d'aide à la décision, pas un décideur autonome. Elle analyse des données et fait des recommandations, mais c'est l'humain qui garde le contrôle final.

Cette complémentarité homme-machine est souvent plus puissante que l'IA seule.

## Mythe 4 : "L'IA est infaillible et objective »

**Réalité :** L'IA apprend à partir de données historiques, qui peuvent contenir des biais. Sans vigilance, elle peut perpétuer ou même amplifier ces biais. De plus, les systèmes d'IA peuvent commettre des erreurs, surtout face à des situations qu'ils n'ont jamais rencontrées pendant leur entraînement.

Une supervision humaine reste essentielle.

### Mythe 5 : "Il faut être expert en data science pour utiliser l'IA"

**Réalité :** Les outils d'IA deviennent de plus en plus accessibles aux non-spécialistes. De nombreuses solutions "clé en main" ou "low-code" permettent aux experts métier d'exploiter la puissance de l'IA sans compétences techniques avancées.

La collaboration entre experts métier et data scientists reste néanmoins un facteur clé de succès.

### Mythe 6 : "L'IA est une technologie du futur, pas encore applicable aujourd'hui"

**Réalité :** L'IA est déjà largement déployée dans de nombreux secteurs et entreprises de toutes tailles. Des applications concrètes et rentables existent dans pratiquement tous les domaines : marketing, finance, RH, production, logistique, etc.

Attendre que la technologie soit "parfaite" avant de s'y intéresser, c'est prendre le risque de se faire distancer par la concurrence.

## Conclusion : l'IA comme amplificateur d'intelligence humaine

Au terme de ce chapitre, retenons que l'IA n'est ni une panacée magique, ni une menace existentielle, mais un outil puissant qui amplifie les capacités humaines.

Les entreprises qui réussissent leur transformation IA sont celles qui l'abordent non pas comme un simple projet technologique, mais comme une réinvention de leurs processus métier, en plaçant l'humain au centre.

Dans le prochain chapitre, nous explorerons en détail les domaines d'application de l'IA en entreprise, avec des exemples concrets et des conseils pour identifier les opportunités les plus prometteuses dans votre contexte spécifique.

# Chapitre 3

## Les domaines d'application de l'IA en entreprise

Maintenant que vous comprenez les fondamentaux de l'IA et que vous avez évalué le niveau de préparation de votre entreprise, explorons les domaines concrets où l'intelligence artificielle peut créer de la valeur. L'objectif de ce chapitre est de vous aider à identifier les opportunités les plus pertinentes pour votre contexte spécifique.

## Optimisation des opérations et processus internes

L'IA excelle dans l'optimisation des processus opérationnels, permettant de faire plus avec moins, tout en améliorant la qualité et la fiabilité.

### Automatisation intelligente

Contrairement à l'automatisation traditionnelle qui se contente d'exécuter des règles prédéfinies, l'automatisation intelligente s'adapte aux situations changeantes et gère les exceptions.

**Applications concrètes :**

- **Traitement automatique des documents :** Imaginez votre service comptabilité qui reçoit des centaines de factures chaque jour, dans des formats différents, de fournisseurs variés. Une solution d'IA peut extraire automatiquement les informations pertinentes (montant, date, numéro de facture, coordonnées fournisseur) et les intégrer dans votre système comptable, même si chaque fournisseur utilise sa propre mise en page.

- **Gestion des tickets support :** Lorsqu'un collaborateur soumet une demande d'assistance IT, l'IA peut analyser le contenu du message, identifier le type de problème, évaluer sa priorité et l'assigner automatiquement au technicien le plus qualifié disponible. Pour les problèmes courants, elle peut même suggérer des solutions immédiates.

- **Contrôle qualité visuel :** Sur une chaîne de production, des caméras couplées à l'IA peuvent inspecter chaque produit en temps réel, détectant des défauts invisibles à l'œil nu ou trop subtils pour être définis par des règles simples. Le système s'améliore continuellement en apprenant de ses erreurs.

**Bénéfices typiques :**

- Réduction de 40 à 70% du temps de traitement
- Diminution de 30 à 50% des erreurs humaines
- Libération des collaborateurs pour des tâches à plus forte valeur ajoutée

## Maintenance prédictive

Plutôt que d'attendre qu'une machine tombe en panne (maintenance corrective) ou de la maintenir selon un calendrier fixe (maintenance préventive), la maintenance prédictive utilise l'IA pour anticiper les défaillances avant qu'elles ne surviennent.

**Applications concrètes :**

- **Équipements industriels :** Des capteurs sur vos machines collectent en permanence des données (vibrations, température, sons, consommation électrique). L'IA analyse ces données en temps réel et détecte des anomalies subtiles, signes précurseurs d'une défaillance imminente. Vous pouvez ainsi planifier une intervention au moment optimal, minimisant l'impact sur la production.

- **Flottes de véhicules :** Pour une entreprise de transport ou de livraison, l'IA peut analyser les données télémétriques des véhicules pour prédire quand un composant spécifique (freins, transmission, batterie) risque de défaillir, permettant de planifier la maintenance pendant les périodes creuses.

- **Infrastructure IT :** L'IA peut surveiller votre infrastructure informatique (serveurs, réseau, stockage) et prédire les problèmes potentiels comme les pannes de disque dur, les saturations de bande passante ou les fuites de mémoire, avant qu'ils n'affectent vos utilisateurs.

**Bénéfices typiques :**

- Réduction de 30 à 50% des temps d'arrêt non planifiés
- Augmentation de 10 à 20% de la durée de vie des équipements
- Diminution de 15 à 30% des coûts de maintenance

## Optimisation des ressources

L'IA excelle dans l'allocation optimale des ressources limitées (personnel, équipements, matières premières, énergie) en fonction de contraintes complexes et changeantes.

**Applications concrètes :**

- **Planification des équipes :** Pour un centre d'appels, un hôpital ou un commerce, l'IA peut créer des plannings optimaux qui prennent en compte les prévisions de charge, les compétences requises, les préférences des employés, les contraintes légales et les imprévus comme les absences de dernière minute.

- **Gestion des stocks :** L'IA peut optimiser vos niveaux de stock en prenant en compte non seulement l'historique des ventes, mais aussi des facteurs externes comme la météo, les événements locaux, les tendances sur les réseaux sociaux ou les actions marketing prévues.

- **Efficacité énergétique :** Dans un bâtiment intelligent, l'IA peut ajuster en temps réel le chauffage, la climatisation et l'éclairage en fonction de l'occupation réelle, des conditions météorologiques et même des préférences individuelles, réduisant significativement la consommation énergétique sans sacrifier le confort.

**Bénéfices typiques :**

- Réduction de 15 à 30% des coûts opérationnels
- Amélioration de 20 à 40% de l'utilisation des ressources
- Augmentation de 10 à 25% de la productivité

# Amélioration de l'expérience client et personnalisation

Les clients d'aujourd'hui attendent des expériences personnalisées, pertinentes et sans friction. L'IA permet de répondre à ces attentes à grande échelle.

## Service client augmenté

L'IA ne remplace pas vos conseillers client, elle les augmente en les libérant des tâches répétitives et en leur fournissant les informations pertinentes au bon moment.

**Applications concrètes :**

- **Chatbots et assistants virtuels :** Un assistant virtuel peut gérer les demandes simples et fréquentes (suivi de commande, changement de mot de passe, questions sur les horaires d'ouverture) 24h/24, libérant vos conseillers pour les interactions complexes ou émotionnelles. Les systèmes modernes savent reconnaître quand transférer à un humain.

- **Analyse des appels en temps réel :** Pendant qu'un conseiller parle avec un client, l'IA peut analyser la conversation en temps réel, détecter l'intention et les émotions du client, et suggérer au conseiller les meilleures réponses ou actions à entreprendre.

- **Résolution proactive des problèmes** : L'IA peut identifier les signes avant-coureurs d'insatisfaction (comportement inhabituel sur le site, retours fréquents sur l'application, tonalité négative dans les emails) et déclencher une intervention avant même que le client ne se plaigne.

**Bénéfices typiques :**

- Réduction de 25 à 40% du temps de résolution
- Augmentation de 15 à 30% de la satisfaction client
- Diminution de 20 à 35% du taux d'attrition client

## Personnalisation à grande échelle

L'IA permet de personnaliser l'expérience de chaque client en fonction de ses préférences, comportements et besoins spécifiques, même avec des millions de clients.

**Applications concrètes :**

- **Recommandations produits :** Comme Amazon ou Netflix, vous pouvez suggérer à chaque client les produits ou services les plus susceptibles de l'intéresser, en fonction de son historique, de ses préférences explicites, et des comportements de clients similaires.

- **Parcours client adaptatif :** Votre site web ou application peut s'adapter en temps réel au comportement de l'utilisateur, mettant en avant les fonctionnalités ou informations les plus pertinentes pour lui à ce moment précis.

- **Communication personnalisée :** Au lieu d'envoyer le même email promotionnel à tous vos clients, l'IA peut personnaliser le contenu, le timing et même le ton de chaque communication en fonction du profil et des préférences du destinataire.

**Bénéfices typiques :**

- Augmentation de 10 à 30% du taux de conversion
- Accroissement de 20 à 50% du panier moyen
- Amélioration de 15 à 35% de l'engagement client

## Analyse de sentiment et voix du client

L'IA permet de comprendre ce que vos clients pensent vraiment de votre entreprise, à travers l'analyse de leurs interactions sur tous les canaux.

**Applications concrètes :**

- **Analyse des avis et commentaires :** L'IA peut analyser automatiquement les avis clients sur votre site, les réseaux sociaux ou les plateformes spécialisées, identifiant les thèmes récurrents, les points forts et les axes d'amélioration.

- **Analyse des appels service client :** En analysant les transcriptions d'appels, l'IA peut identifier les motifs d'appel les plus fréquents, les sources de frustration récurrentes et les opportunités d'amélioration des produits ou processus.

- **Suivi de la réputation en ligne :** L'IA peut surveiller en permanence ce qui se dit sur votre marque sur le web et les réseaux sociaux, vous alertant immédiatement en cas de crise potentielle ou d'opportunité à saisir.

**Bénéfices typiques :**

- Réduction de 20 à 40% du temps d'analyse
- Identification de 30 à 60% plus d'insights actionnables
- Amélioration de 15 à 25% de la réactivité aux tendances émergentes

## Innovation produit et création de valeur

Au-delà de l'optimisation de l'existant, l'IA peut vous aider à créer de nouveaux produits, services ou modèles d'affaires.

# Produits et services augmentés par l'IA

L'intégration de l'IA dans vos produits ou services existants peut créer une différenciation significative et de nouvelles sources de valeur.

**Applications concrètes :**

- **Fonctionnalités intelligentes :** Un fabricant d'électroménager peut intégrer l'IA dans ses réfrigérateurs pour suggérer des recettes basées sur les aliments disponibles, alerter avant péremption ou générer automatiquement des listes de courses.

- **Maintenance prédictive comme service :** Un fabricant de machines industrielles peut offrir un service de maintenance prédictive basé sur l'IA comme complément à ses produits, créant une nouvelle source de revenus récurrents.

- **Contenu personnalisé :** Un éditeur de contenu peut utiliser l'IA pour adapter dynamiquement ses articles, vidéos ou formations aux intérêts et au niveau de connaissance de chaque utilisateur.

**Bénéfices typiques :**

- Augmentation de 15 à 40% de la valeur perçue
- Création de 10 à 30% de revenus additionnels
- Amélioration de 20 à 50% de la fidélité client

# Accélération de la Recherche & du Développement

L'IA peut considérablement accélérer vos cycles de recherche et développement en automatisant certaines tâches et en générant de nouvelles idées.

**Applications concrètes :**

- **Découverte de médicaments :** Dans l'industrie pharmaceutique, l'IA peut analyser des millions de composés potentiels et prédire leur efficacité contre une cible thérapeutique spécifique, réduisant drastiquement le temps et le coût de développement.

- **Conception assistée par IA :** Dans l'ingénierie, l'IA peut générer et tester virtuellement des milliers de designs alternatifs pour optimiser simultanément plusieurs critères (poids, résistance, coût de fabrication, impact environnemental).

- **Test automatisé :** L'IA peut générer et exécuter automatiquement des milliers de scénarios de test pour votre logiciel, identifiant des bugs que les tests manuels auraient manqués.

**Bénéfices typiques :**

- Réduction de 30 à 70% des cycles de développement
- Diminution de 20 à 40% des coûts de R&D
- Augmentation de 15 à 35% du taux de succès des nouveaux produits

## Nouveaux modèles d'affaires

L'IA peut être le catalyseur de modèles d'affaires entièrement nouveaux, transformant radicalement votre proposition de valeur.

**Applications concrètes :**

- **Monétisation des données :** Si votre entreprise collecte des données uniques ou précieuses, l'IA peut vous aider à les transformer en insights actionnables que vous pouvez vendre à d'autres acteurs de votre écosystème.

- **Plateforme de mise en relation intelligente :** L'IA peut alimenter une plateforme qui met en relation l'offre et la demande de manière optimale, comme Uber pour les transports ou Airbnb pour l'hébergement.

- **Produits et service :** Au lieu de vendre un produit, vous pouvez utiliser l'IA pour offrir sa fonctionnalité comme un service, optimisant continuellement sa performance en fonction de l'usage réel.

**Bénéfices typiques :**

- Création de nouvelles sources de revenus
- Différenciation concurrentielle significative
- Valorisation accrue de l'entreprise

# Aide à la décision et business intelligence

L'IA peut transformer la façon dont votre entreprise prend des décisions, en les rendant plus rapides, plus précises et basées sur des données plutôt que sur de simples intuitions.

## Tableaux de bord prédictifs

Au-delà des tableaux de bord traditionnels qui montrent ce qui s'est passé, les tableaux de bord prédictifs vous indiquent ce qui va probablement se passer.

**Applications concrètes :**

- **Prévisions de ventes :** Un tableau de bord prédictif peut vous montrer non seulement vos ventes passées, mais aussi les prévisions pour les prochaines semaines ou mois, avec des intervalles de confiance et des alertes en cas d'anomalies détectées.

- **Indicateurs avancés :** L'IA peut identifier des "signaux faibles" dans vos données qui prédisent des événements importants (départ d'un client clé, opportunité de vente, problème qualité émergent) avant qu'ils ne deviennent évidents.

- **Simulation de scénarios :** Vous pouvez tester virtuellement différentes décisions (lancement d'un produit, changement de prix, nouvelle campagne marketing) et voir leurs impacts probables sur vos KPIs (Key Performance Indicator) clés.

**Bénéfices typiques :**

- Amélioration de 20 à 50% de la précision des prévisions
- Réduction de 30 à 60% du temps d'analyse
- Augmentation de 15 à 35% de la réactivité aux changements de marché

## Détection d'anomalies et d'opportunités

L'IA excelle dans la détection de modèles inhabituels dans de grandes quantités de données, qu'ils représentent des menaces ou des opportunités.

**Applications concrètes :**

- **Détection de fraude :** Dans les services financiers, l'IA peut analyser en temps réel chaque transaction pour identifier celles qui présentent des caractéristiques inhabituelles, potentiellement frauduleuses, tout en minimisant les faux positifs.

- **Détection de cyberattaques :** L'IA peut surveiller en permanence votre réseau et vos systèmes pour détecter des comportements anormaux qui pourraient indiquer une intrusion, même si cette attaque utilise des méthodes jamais vues auparavant.

- **Identification d'opportunités commerciales :** En analysant les interactions clients, l'IA peut repérer des signaux d'intention d'achat ou des besoins non satisfaits que vos commerciaux auraient pu manquer.

**Bénéfices typiques :**

- Réduction de 40 à 70% des pertes dues à la fraude
- Détection 10 à 100 fois plus rapide des incidents
- Identification de 20 à 50% plus d'opportunités commerciales

# Automatisation des rapports et insights

L'IA peut automatiser la création de rapports et l'extraction d'insights, libérant vos analystes pour des tâches à plus forte valeur ajoutée.

**Applications concrètes :**

- **Génération automatique de rapports :** Au lieu de passer des heures à compiler manuellement des rapports hebdomadaires ou mensuels, l'IA peut les générer automatiquement, en mettant en évidence les points importants et en suggérant des explications pour les variations observées.

- **Analyse de texte pour les études de marché :** L'IA peut analyser automatiquement des milliers de documents (articles de presse, rapports d'analystes, publications sur les réseaux sociaux) pour en extraire les tendances, les opinions et les informations pertinentes pour votre secteur.

- **Assistants virtuels pour l'analyse de données :** Un assistant virtuel spécialisé peut répondre à des questions business en langage naturel ("Quelles sont nos ventes du trimestre par région ?", "Pourquoi avons-nous perdu des parts de marché en février ?") en interrogeant automatiquement vos bases de données.

**Bénéfices typiques :**

- Réduction de 50 à 80% du temps consacré aux rapports
- Augmentation de 30 à 60% des insights actionnables
- Démocratisation de l'accès aux données dans l'organisation

# Cas pratique : Cartographier les opportunités IA dans votre organisation

Comment identifier les opportunités d'IA les plus prometteuses pour votre entreprise ? Voici une approche structurée en quatre étapes :

## Étape 1 : Identifier les points de friction

Commencez par lister les principaux "points de douleur" dans votre organisation :

- Quels processus sont particulièrement lents, coûteux ou sujets aux erreurs ?
- Où se trouvent les goulots d'étranglement qui limitent votre croissance ou votre efficacité ?
- Quelles sont les tâches répétitives qui mobilisent des ressources précieuses ?
- Quelles sont les décisions complexes qui doivent être prises régulièrement avec des informations incomplètes ?

**Exemple :** Une entreprise de logistique a identifié plusieurs points de friction : planification manuelle des tournées de livraison (longue et sous-optimale), taux élevé de livraisons manquées (client absent), et difficulté à prévoir les volumes pour dimensionner les équipes.

## Étape 2 : Évaluer le potentiel de l'IA

Pour chaque point de friction, évaluez si l'IA pourrait apporter une solution en vous posant ces questions :

- S'agit-il d'un problème qui implique des données (structurées ou non) ?
- Y a-t-il des patterns ou des régularités que l'IA pourrait apprendre ?
- Existe-t-il des exemples de décisions "correctes" qui pourraient servir à entraîner un modèle ?
- Le problème est-il trop complexe pour être résolu par des règles simples et explicites ?

**Exemple** : Pour l'entreprise de logistique, tous les points de friction identifiés se prêtent bien à l'IA : l'optimisation des tournées peut utiliser des algorithmes d'apprentissage par renforcement, la prédiction des absences clients peut s'appuyer sur des modèles prédictifs, et la prévision des volumes peut bénéficier de l'analyse de séries temporelles.

## Étape 3 : Prioriser les opportunités

Évaluez chaque opportunité selon trois critères :

- **Impact potentiel :** Quelle valeur serait créée si le problème était résolu ? (économies, revenus additionnels, amélioration de l'expérience client, etc.)
- **Faisabilité technique :** Avez-vous les données nécessaires ? La technologie est-elle mature ? Pouvez-vous accéder aux compétences requises ?
- **Facilité d'implémentation :** Quels changements organisationnels seraient nécessaires ? Quelles résistances pourriez-vous rencontrer ? Quel serait le délai de mise en œuvre ?

Créez une matrice de priorisation en plaçant chaque opportunité selon ces trois dimensions.

**Exemple :** Pour l'entreprise de logistique, l'optimisation des tournées a été identifiée comme l'opportunité prioritaire car elle combine un impact élevé (réduction des coûts de carburant et augmentation du nombre de livraisons par jour), une bonne faisabilité technique (données GPS disponibles, technologies éprouvées) et une implémentation relativement simple (peu de changements organisationnels requis).

### Étape 4 : Définir une feuille de route

Pour les opportunités prioritaires, définissez une feuille de route qui inclut :

- Un projet pilote à petite échelle pour valider l'approche
- Les ressources nécessaires (données, compétences, technologies)
- Les indicateurs de succès clairs et mesurables
- Un plan de déploiement progressif
- Une stratégie de gestion du changement

**Exemple :** L'entreprise de logistique a défini une feuille de route commençant par un pilote d'optimisation des tournées sur une seule agence pendant trois mois, avec comme indicateurs de succès une réduction de 10% des kilomètres parcourus et une augmentation de 15% du nombre de livraisons par jour. Le plan prévoit ensuite un déploiement progressif sur toutes les agences sur une période de six mois.

## Conclusion : L'IA comme levier de transformation globale

Ce chapitre vous a présenté un panorama des domaines d'application de l'IA en entreprise, des exemples concrets et une méthode pour identifier les opportunités les plus prometteuses dans votre contexte.

L'IA n'est pas une simple technologie à déployer dans un coin de votre organisation. Son potentiel est maximal lorsqu'elle est intégrée de manière cohérente à travers toute l'entreprise, créant des synergies entre les différents domaines d'application.

Par exemple, l'IA qui optimise vos opérations peut alimenter votre service client en informations précises sur les délais de livraison.

Les insights générés par l'analyse de la voix du client peuvent orienter votre R&D vers les innovations les plus pertinentes. Les prédictions de vos tableaux de bord peuvent optimiser votre gestion des stocks et votre planification des ressources.

Dans le prochain chapitre, nous verrons comment construire une stratégie IA cohérente qui maximise ces synergies et s'aligne parfaitement avec vos objectifs business.

# Chapitre 4

## Construire votre stratégie IA

Après avoir exploré les différents domaines d'application de l'IA et identifié les opportunités les plus prometteuses pour votre entreprise, il est temps de structurer ces éléments dans une stratégie cohérente. Une approche ad hoc, projet par projet, ne vous permettra pas de capturer tout le potentiel de l'IA. Ce chapitre vous guidera dans l'élaboration d'une stratégie IA alignée avec vos objectifs business et adaptée à votre contexte spécifique.

## Aligner l'IA avec vos objectifs business

L'IA n'est pas une fin en soi, mais un moyen d'atteindre vos objectifs stratégiques. Toute initiative IA doit être ancrée dans votre stratégie globale.

## Partir de la vision et des objectifs

Avant de vous lancer dans des projets IA, prenez le temps de clarifier comment cette technologie peut contribuer à votre vision d'entreprise et à vos objectifs stratégiques.

**Questions à vous poser :**

- **Vision :** Comment voyez-vous votre entreprise évoluer dans les 3 à 5 prochaines années ? Quel rôle l'IA pourrait-elle jouer dans cette vision ?

- **Objectifs stratégiques :** Quels sont vos principaux objectifs business (croissance du chiffre d'affaires, amélioration des marges, conquête de nouveaux marchés, etc.) ? Comment l'IA pourrait-elle vous aider à les atteindre plus rapidement ou plus efficacement ?

- **Avantage concurrentiel :** Quels sont vos points forts actuels ? Comment l'IA pourrait-elle les renforcer ou créer de nouveaux avantages concurrentiels ?

**Exemple concret :**

Une chaîne hôtelière de taille moyenne a défini sa vision comme "Offrir une expérience personnalisée mémorable à chaque client, tout en maintenant une efficacité opérationnelle exemplaire". Ses objectifs stratégiques incluent l'augmentation du taux de fidélisation client de 15% et la réduction des coûts opérationnels de 10% sur trois ans.

En partant de cette vision et de ces objectifs, l'entreprise a identifié plusieurs axes stratégiques pour l'IA :

- Personnalisation de l'expérience client grâce à l'IA (recommandations personnalisées, anticipation des besoins)
- Optimisation des opérations (prévision d'occupation, planification du personnel, gestion énergétique intelligente)
- Amélioration du marketing (ciblage précis, optimisation des tarifs en temps réel)

Chaque initiative IA potentielle est évaluée en fonction de sa contribution à ces axes stratégiques.

## Identifier les indicateurs de performance clés (KPIs)

Pour chaque objectif stratégique, définissez des KPIs précis qui vous permettront de mesurer l'impact de vos initiatives IA.

**Types de KPIs à considérer :**

- **KPIs financiers :** Augmentation du chiffre d'affaires, réduction des coûts, amélioration des marges, ROI des projets IA

- **KPIs opérationnels :** Réduction des délais, amélioration de la qualité, augmentation de la productivité, optimisation des ressources

- **KPIs client :** Amélioration de la satisfaction client, réduction du taux d'attrition, augmentation du panier moyen, croissance du taux de conversion

- **KPIs d'innovation :** Réduction du time-to-market, augmentation du nombre de nouveaux produits/services, amélioration du taux de succès des innovations

**Exemple concret :**

Pour son axe "Personnalisation de l'expérience client", la chaîne hôtelière a défini les KPIs suivants :

- Augmentation du Net Promoter Score (NPS) de 35 à 45
- Croissance du taux de réservation directe (vs. via des plateformes) de 40% à 60%
- Augmentation des dépenses annexes par séjour de 15%
- Réduction du taux d'attrition client de 25%

Ces KPIs permettront de mesurer précisément l'impact des initiatives IA et de justifier les investissements.

## Cartographier l'écosystème IA de votre secteur

Avant de définir votre propre stratégie, analysez comment l'IA transforme votre secteur d'activité et votre chaîne de valeur.

**Éléments à analyser :**

- **Concurrents :** Comment vos concurrents directs utilisent-ils l'IA ? Quels avantages en tirent-ils ?

- **Nouveaux entrants :** Des start-ups ou des acteurs d'autres secteurs utilisent-ils l'IA pour pénétrer votre marché avec des modèles disruptifs ?

- **Fournisseurs et partenaires :** Comment l'IA transforme-t-elle vos fournisseurs et partenaires ? Quelles nouvelles collaborations pourraient émerger ?

- **Clients :** Comment les attentes de vos clients évoluent-elles sous l'influence de l'IA ? Quelles nouvelles expériences recherchent-ils ?

**Exemple concret :**

La chaîne hôtelière a réalisé une analyse approfondie de son écosystème IA :

- Grands groupes hôteliers : Déploiement massif de chatbots, check-in automatisé, chambres intelligentes
- Start-ups : Émergence de plateformes de location utilisant l'IA pour un matching parfait entre voyageurs et logements
- Fournisseurs : Nouveaux systèmes de gestion hôtelière intégrant des capacités prédictives
- Clients : Attentes croissantes en matière de personnalisation et de fluidité de l'expérience

Cette analyse a permis d'identifier des menaces potentielles mais aussi des opportunités de différenciation.

## Définir vos priorités et votre feuille de route

Une fois l'alignement stratégique établi, il faut définir par où commencer et comment séquencer vos initiatives IA.

# Matrice d'impact vs effort

Pour prioriser vos initiatives IA potentielles, évaluez-les selon deux dimensions : l'impact business attendu et l'effort de mise en œuvre requis.

**Critères d'évaluation de l'impact :**

- Contribution aux objectifs stratégiques
- Valeur financière potentielle (revenus additionnels ou économies)
- Avantage concurrentiel créé
- Amélioration de l'expérience client

**Critères d'évaluation de l'effort :**

- Complexité technique
- Disponibilité et qualité des données requises
- Compétences nécessaires vs. disponibles
- Changements organisationnels requis
- Investissement financier

Placez chaque initiative sur une matrice à quatre quadrants :

1. **Quick wins** (impact élevé, effort faible) : À implémenter immédiatement
2. **Projets stratégiques** (impact élevé, effort élevé) : À planifier soigneusement
3. **Optimisations faciles** (impact faible, effort faible) : À considérer si les ressources sont disponibles
4. **À reconsidérer** (impact faible, effort élevé) : À éviter ou à repenser

**Exemple concret :**

La chaîne hôtelière a identifié plusieurs initiatives IA potentielles et les a positionnées sur sa matrice :

**Quick wins :**

- Chatbot pour les questions fréquentes et réservations simples
- Système de prévision d'occupation pour optimiser les achats et le personnel

**Projets stratégiques :**

- Système de personnalisation omnicanal de l'expérience client
- Plateforme de tarification dynamique en temps réel

**Optimisations faciles :**

- Automatisation du reporting pour les directeurs d'hôtel
- Analyse des avis clients pour identifier les axes d'amélioration

**À reconsidérer :**

- Système de reconnaissance faciale pour le check-in (problèmes réglementaires et acceptabilité)
- Robot concierge (coût élevé, valeur ajoutée incertaine)

## Approche progressive et itérative

Une stratégie IA efficace adopte généralement une approche progressive, permettant d'apprendre et d'ajuster le tir au fur et à mesure.

**Phases typiques :**

1. Phase pilote (3-6 mois) :

   - Sélectionnez 1-2 "quick wins" pour démontrer rapidement la valeur
   - Testez à petite échelle dans un environnement contrôlé
   - Mesurez précisément les résultats et documentez les apprentissages

2. Phase d'expansion (6-12 mois) :

- Déployez les pilotes réussis à plus grande échelle
- Lancez 2-3 nouveaux projets en parallèle
- Commencez à développer les fondations (données, compétences, gouvernance)

3. Phase de transformation (1-3 ans) :

- Intégrez l'IA dans vos processus core business
- Développez de nouvelles offres basées sur l'IA
- Créez une culture data-driven dans toute l'organisation

4. Phase de réinvention (3+ ans) :

- Repensez votre modèle d'affaires avec l'IA au centre
- Explorez des innovations disruptives
- Devenez un leader de l'IA dans votre secteur

**Exemple concret :**

La chaîne hôtelière a adopté cette approche progressive :

**Phase pilote :**

- Déploiement d'un chatbot sur le site web et l'application mobile pour un hôtel test
- Mise en place d'un système de prévision d'occupation pour trois hôtels

**Phase d'expansion :**

- Déploiement du chatbot et du système de prévision sur tous les hôtels
- Lancement d'un projet de personnalisation des offres par email
- Création d'une équipe data centralisée et d'un data lake

**Phase de transformation :**

- Déploiement d'un système complet de personnalisation omni-canal
- Mise en place d'une tarification dynamique intelligente
- Formation de tous les managers à la prise de décision basée sur les données

**Phase de réinvention :**

- Développement d'une plateforme de "voyage personnalisé" intégrant hébergement et expériences
- Création d'un écosystème de partenaires connectés via API
- Monétisation des insights générés par l'IA

## Équilibrer court terme et long terme

Une stratégie IA efficace doit équilibrer les gains à court terme (pour maintenir l'élan et justifier les investissements) et la construction de capacités à long terme.

**Approche recommandée :**

- **70% tactique :** Projets à impact rapide, alignés sur les objectifs business actuels, ROI clair à court terme
- **20% stratégique :** Initiatives à plus long terme, visant à construire des avantages concurrentiels durables
- **10% exploratoire :** Expérimentations avec des technologies émergentes, sans attente de ROI immédiat

**Exemple concret :**

La chaîne hôtelière a adopté cette répartition :

**Tactique (70%) :**

- Chatbot et système de prévision d'occupation
- Analyse des avis clients et automatisation du reporting
- Optimisation des campagnes marketing par l'IA

**Stratégique (20%) :**

- Système de personnalisation omnicanal
- Plateforme de tarification dynamique
- Construction d'un data lake et d'une équipe data centralisée

**Exploratoire (10%) :**

- Expérimentation avec la réalité augmentée guidée par l'IA
- Projet pilote de chambres intelligentes
- Exploration de l'IA générative pour créer du contenu marketing personnalisé

# Budgétiser et planifier votre transformation

Une stratégie IA nécessite des ressources adéquates et une planification rigoureuse pour réussir.

## Modèles d'investissement

Il existe différentes approches pour financer votre transformation IA, chacune avec ses avantages et inconvénients.

**Approches possibles :**

- **Investissement centralisé :** Un budget IA dédié, géré au niveau de la direction

- *Avantages :* Vision cohérente, économies d'échelle, priorisation stratégique
- *Inconvénients :* Peut être déconnecté des besoins opérationnels, processus potentiellement bureaucratique

- **Financement par les métiers :** Chaque département finance ses propres initiatives IA

  - *Avantages :* Alignement direct avec les besoins métier, responsabilisation des départements
  - *Inconvénients :* Risque de silos, duplication des efforts, manque de cohérence

- **Modèle hybride :** Combinaison d'un financement central pour les fondations et d'investissements métiers pour les cas d'usage spécifiques

  - *Avantages :* Équilibre entre cohérence stratégique et pertinence opérationnelle
  - *Inconvénients :* Complexité de gouvernance, potentiels conflits de priorités

**Exemple concret :**

La chaîne hôtelière a opté pour un modèle hybride :
- Budget central (40%) pour l'infrastructure data, les compétences partagées et les projets transverses
- Budgets métiers (60%) pour les cas d'usage spécifiques, avec validation par un comité central

Ce modèle permet d'assurer la cohérence tout en responsabilisant les départements.

## Estimation des coûts

Budgétiser des initiatives IA peut être complexe. Voici les principales catégories de coûts à considérer :

**Coûts directs :**

- **Technologies :** Licences logicielles, infrastructure cloud, matériel spécifique
- **Données :** Collecte, nettoyage, annotation, stockage, gouvernance
- **Talents :** Recrutement, formation, rétention des experts IA et data
- **Développement :** Conception, développement, test et déploiement des solutions
- **Opérations :** Maintenance, surveillance et optimisation continue des systèmes

**Coûts indirects :**

- **Gestion du changement :** Formation des utilisateurs, communication, accompagnement
- **Réorganisation :** Adaptation des processus, des rôles et des responsabilités
- **Risques et conformité :** Audits, certifications, mesures de protection

**Exemple concret :**

Pour son projet de chatbot, la chaîne hôtelière a établi le budget suivant :

**Coûts directs :**

- Plateforme de chatbot (SaaS) : 50 000 € / an
- Infrastructure cloud : 15 000 € / an
- Équipe projet (1 chef de projet, 2 développeurs, 1 data scientist à temps partiel) : 180 000 €
- Intégration avec les systèmes existants : 70 000 €

**Coûts indirects :**

- Formation du personnel de réception et du service client : 25 000 €
- Adaptation des processus de service client : 30 000 €
- Audit de sécurité et conformité RGPD : 20 000 €

**Total première année : 390 000 €**
**Coût annuel récurrent : 200 000 €**

# Mesure du ROI

Pour justifier les investissements en IA, il est crucial de définir une méthodologie claire de mesure du retour sur investissement.

**Approche recommandée :**

1. **Définir une baseline :** Mesurez précisément la situation actuelle avant le déploiement de l'IA

2. Identifier tous les bénéfices :

    - Bénéfices quantifiables directs (réduction des coûts, augmentation des revenus)
    - Bénéfices quantifiables indirects (gain de temps, réduction des erreurs)
    - Bénéfices qualitatifs (amélioration de l'expérience, réduction des risques)

3. Calculer le ROI :

    - ROI financier = (Gain financier - Coût total) / Coût total
    - Période de récupération = Coût total / Gain financier annuel

4. **Suivre l'évolution :** Mesurez régulièrement les KPIs pour ajuster si nécessaire

**Exemple concret :**

Pour son chatbot, la chaîne hôtelière a défini la méthodologie suivante :

**Baseline :**

- Coût actuel du service client : 1,2M € / an
- Taux de conversion du site web : 2,5%
- Score de satisfaction client : 7,8/10

**Bénéfices attendus :**

- Réduction de 30% des appels au service client : 360 000 € / an
- Augmentation de 10% du taux de conversion : 500 000 € de revenus additionnels / an
- Amélioration de la satisfaction client : +0,5 point

**ROI calculé :**

- Première année : (860 000 € - 390 000 €) / 390 000 € = 120%
- Années suivantes : (860 000 € - 200 000 €) / 200 000 € = 330%
- Période de récupération : 5,4 mois

Ces chiffres ont permis de justifier facilement l'investissement auprès de la direction.

# Gérer les risques et anticiper les obstacles

Toute stratégie IA comporte des risques qu'il faut identifier et gérer proactivement.

# Risques techniques

Les projets IA présentent des défis techniques spécifiques qu'il faut anticiper.

## Risques courants :

- **Qualité des données :** Données insuffisantes, biaisées ou de mauvaise qualité
- **Performance des modèles :** Précision insuffisante, dégradation dans le temps
- **Scalabilité :** Difficultés à passer de l'expérimentation à la production
- **Dette technique :** Accumulation de solutions temporaires difficiles à maintenir
- **Sécurité :** Vulnérabilités spécifiques aux systèmes IA (empoisonnement de données, attaques adversariales)

## Stratégies d'atténuation :

- Mettre en place une gouvernance des données rigoureuse dès le début
- Adopter une approche MLOps pour industrialiser le cycle de vie des modèles
- Prévoir des tests rigoureux avant tout déploiement en production
- Implémenter une surveillance continue des performances des modèles
- Intégrer la sécurité dès la conception des systèmes

## Exemple concret :

Pour son système de prévision d'occupation, la chaîne hôtelière a identifié le risque de dégradation des performances du modèle au fil du temps (en raison de l'évolution des comportements clients).
Pour atténuer ce risque, elle a mis en place :

- Un système de surveillance continue des performances du modèle
- Un processus de réentraînement automatique mensuel
- Une validation humaine des prévisions pour les périodes critiques (haute saison, événements spéciaux)
- Un plan de secours basé sur des méthodes statistiques simples en cas de défaillance

## Risques organisationnels

La transformation IA implique des changements profonds qui peuvent se heurter à des résistances.

**Risques courants :**

- **Résistance au changement :** Peur du remplacement, méfiance envers la technologie
- **Silos organisationnels :** Manque de collaboration entre départements
- **Déficit de compétences :** Difficulté à recruter et retenir les talents IA
- **Gouvernance inadaptée :** Confusion sur les rôles et responsabilités
- **Attentes irréalistes :** Déception face à des résultats inférieurs aux promesses

**Stratégies d'atténuation :**

- Communiquer clairement sur la vision et les bénéfices pour tous
- Impliquer les utilisateurs finaux dès la conception des solutions
- Développer un plan de montée en compétences pour les équipes existantes
- Établir une gouvernance claire avec des responsabilités bien définies
- Gérer les attentes en étant transparent sur les capacités réelles de l'IA

**Exemple concret :**

La chaîne hôtelière a anticipé une résistance des directeurs d'hôtel face au système de prévision d'occupation, perçu comme une remise en cause de leur expertise.

Pour atténuer ce risque, elle a :

- Impliqué les directeurs dès la phase de conception
- Présenté le système comme un outil d'aide à la décision, pas de remplacement
- Organisé des ateliers de co-construction pour intégrer leur expertise
- Mis en place une période de validation où les prévisions du système étaient comparées à celles des directeurs
- Célébré les succès et reconnu publiquement la contribution des directeurs

## Risques éthiques et réglementaires

L'IA soulève des questions éthiques et réglementaires spécifiques qu'il faut traiter proactivement.

**Risques courants :**

- **Biais et discrimination :** Systèmes IA reproduisant ou amplifiant des biais existants
- **Manque de transparence :** Impossibilité d'expliquer certaines décisions ("boîtes noires")
- **Non-conformité réglementaire :** Violation du RGPD ou d'autres réglementations spécifiques à l'IA
- **Atteinte à la vie privée :** Utilisation inappropriée de données personnelles
- **Impact social négatif :** Perceptions négatives, impact sur l'emploi

**Stratégies d'atténuation :**

- Mettre en place un cadre éthique pour guider le développement et l'utilisation de l'IA
- Tester systématiquement les systèmes pour détecter et corriger les biais
- Privilégier les approches d'IA explicable quand c'est possible
- Intégrer les considérations de confidentialité dès la conception (privacy by design)
- Engager un dialogue ouvert avec les parties prenantes sur les implications sociales

**Exemple concret :**

Pour son système de tarification dynamique, la chaîne hôtelière a identifié plusieurs risques éthiques :

- Discrimination potentielle basée sur des caractéristiques personnelles
- Perception d'injustice si des clients différents paient des prix très différents
- Questions de transparence sur les facteurs influençant les prix
- 

Pour atténuer ces risques, elle a :

- Exclu certaines variables sensibles du modèle (origine ethnique, genre, etc.)
- Défini des limites maximales de variation de prix
- Mis en place une politique de transparence expliquant les principaux facteurs influençant les tarifs
- Créé un comité d'éthique incluant des représentants des clients pour superviser le système

# Cas pratique : Élaborer une stratégie IA adaptée à votre taille et secteur

La façon d'aborder la stratégie IA varie considérablement selon la taille et le secteur de votre entreprise. Examinons trois cas représentatifs :

## PME dans le secteur manufacturier

**Contexte :** Entreprise de 80 employés, fabricant de composants industriels, marges sous pression, concurrence internationale forte.

**Approche stratégique :**

1. **Vision IA ciblée :** Se concentrer sur l'efficacité opérationnelle et la qualité produit
2. **Ressources limitées :** Privilégier les solutions "clé en main" et les partenariats
3. **Quick wins prioritaires :** Commencer par des projets à ROI rapide et risque limité
4. **Montée en compétence progressive :** Former progressivement l'équipe existante

**Initiatives prioritaires :**

- Maintenance prédictive sur les équipements critiques
- Contrôle qualité automatisé par vision par ordinateur
- Optimisation de la planification de production

**Facteurs clés de succès :**

- Implication directe de la direction
- Partenariat avec des fournisseurs de solutions spécialisés
- Focus sur des problèmes business concrets et bien définis
- Approche pragmatique et progressive

# ETI dans le secteur des services financiers

**Contexte :** Entreprise de 350 employés, société de gestion d'actifs, besoin d'innovation pour se différencier, réglementation stricte.

**Approche stratégique :**

1. **Vision IA équilibrée :** Combiner efficacité opérationnelle et innovation produit
2. **Équipe dédiée :** Créer une petite équipe IA interne complétée par des partenaires
3. **Portefeuille diversifié :** Équilibrer projets à court terme et initiatives stratégiques
4. **Gouvernance formalisée :** Mettre en place un cadre de gouvernance adapté au secteur régulé

**Initiatives prioritaires :**

- Analyse prédictive pour la gestion des risques
- Personnalisation des conseils d'investissement
- Automatisation du reporting réglementaire
- Détection des fraudes et anomalies

**Facteurs clés de succès :**

- Sponsorship au niveau du comité exécutif
- Collaboration étroite entre équipes métier, IT et conformité
- Cadre éthique et de gouvernance robuste
- Approche itérative avec validation réglementaire à chaque étape

# Grande entreprise dans le secteur de la distribution

**Contexte :** Entreprise de 5000+ employés, chaîne de distribution multicanale, transformation digitale en cours, concurrence des pure players.

**Approche stratégique :**

1. **Vision IA transformative :** Utiliser l'IA comme levier de réinvention du business model
2. **Organisation dédiée :** Créer un centre d'excellence IA et des équipes embarquées dans les métiers
3. **Approche industrialisée :** Mettre en place une plateforme IA d'entreprise et des processus standardisés
4. **Écosystème d'innovation :** Combiner développement interne, acquisitions et partenariats avec des start-ups

**Initiatives prioritaires :**

- Personnalisation omnicanale de l'expérience client
- Optimisation de la chaîne logistique de bout en bout
- Tarification dynamique et optimisation des promotions
- Développement de nouveaux services basés sur l'IA

**Facteurs clés de succès :**

- Vision claire et ambitieuse portée par le CEO
- Investissements significatifs dans les fondations (données, compétences, technologies)
- Programme de transformation culturelle à l'échelle de l'entreprise
- Mécanismes d'innovation ouverte et d'expérimentation rapide

# Conclusion : Votre plan d'action pour démarrer

Pour conclure ce chapitre, voici un plan d'action en 5 étapes pour élaborer votre stratégie IA :

1. Alignement stratégique (1-2 semaines) :

   - Clarifiez comment l'IA peut contribuer à votre vision et vos objectifs business

- Identifiez les KPIs qui mesureront le succès de votre transformation IA
- Analysez l'écosystème IA de votre secteur pour identifier menaces et opportunités

2. Évaluation des opportunités (2-4 semaines) :

- Identifiez les points de friction et opportunités dans toute votre chaîne de valeur
- Évaluez chaque opportunité selon son impact potentiel et sa faisabilité
- Créez une matrice de priorisation pour visualiser les initiatives les plus prometteuses

3. Définition de la feuille de route (2-3 semaines) :

- Sélectionnez vos "quick wins" et projets stratégiques prioritaires
- Définissez une approche progressive avec des jalons clairs

- Équilibrez initiatives à court terme et construction de capacités à long terme

4. Planification des ressources (2-3 semaines) :

- Estimez les coûts directs et indirects de vos initiatives prioritaires
- Définissez votre modèle d'investissement (centralisé, par métier ou hybride)
- Établissez une méthodologie claire de mesure du ROI

5. Gestion des risques (1-2 semaines) :

- Identifiez les principaux risques techniques, organisationnels et éthiques
- Développez des stratégies d'atténuation pour chaque risque majeur
- Créez un cadre de gouvernance adapté à votre contexte

Ce processus peut être réalisé en 8 à 14 semaines, selon la taille et la complexité de votre organisation. L'important n'est pas la perfection du plan, mais sa capacité à vous mettre en mouvement rapidement tout en gardant une vision cohérente à long terme.

Dans le prochain chapitre, nous aborderons un élément fondamental de toute stratégie IA : la question des données, leur gouvernance et leur valorisation.

# Chapitre 5

## La question des données

Si l'IA est le moteur de votre transformation digitale, les données en sont le carburant. Sans données de qualité, en quantité suffisante et correctement organisées, même les algorithmes les plus sophistiqués ne produiront que des résultats décevants. Ce chapitre vous guidera dans l'évaluation et l'optimisation de votre patrimoine de données pour alimenter efficacement vos initiatives IA.

## Évaluer votre patrimoine de données

Avant de vous lancer dans des projets IA ambitieux, il est essentiel de faire l'inventaire de vos données et d'évaluer leur potentiel.

### Cartographier vos sources de données

La première étape consiste à identifier toutes les sources de données disponibles dans votre organisation, qu'elles soient structurées ou non.

**Sources typiques à considérer :**

- **Systèmes transactionnels :** ERP, CRM, systèmes de gestion des commandes, etc.
- **Applications métier :** Outils de marketing, finance, RH, production, etc.
- **Données externes :** Fournisseurs, partenaires, données publiques, etc.
- **Canaux digitaux :** Site web, applications mobiles, réseaux sociaux, etc.
- **Équipements connectés :** Capteurs IoT, machines industrielles, véhicules, etc.

- **Interactions clients :** Emails, appels service client, enquêtes, etc.
- **Documents :** Contrats, rapports, procédures, documentation technique, etc.

Pour chaque source, documentez :

- Le type et le format des données
- Le volume approximatif
- La fréquence de mise à jour
- Les responsables métier et techniques
- Les systèmes qui les utilisent actuellement

**Exemple concret :**

Une entreprise de fabrication de machines industrielles a réalisé une cartographie de ses données et découvert des sources inexploitées à fort potentiel :

- Données de télémétrie des machines installées chez les clients (température, vibrations, consommation électrique)
- Historique des interventions de maintenance avec commentaires des techniciens
- Logs des appels au support technique
- Données de production internes sur les processus de fabrication

Cette cartographie a révélé un potentiel inexploité pour développer des services de maintenance prédictive et d'optimisation des performances.

## Évaluer la qualité et l'utilisabilité des données

Toutes les données ne se valent pas. Pour chaque source identifiée, évaluez sa qualité selon plusieurs dimensions :

**Critères d'évaluation :**

- **Complétude** : Les données contiennent-elles toutes les informations nécessaires, ou y a-t-il des valeurs manquantes ?
- **Exactitude** : Les données reflètent-elles fidèlement la réalité qu'elles sont censées représenter ?
- **Cohérence** : Les mêmes informations sont-elles représentées de manière uniforme à travers différents systèmes ?
- **Actualité** : Les données sont-elles à jour et mises à jour avec une fréquence suffisante ?
- **Unicité** : Existe-t-il des doublons qui pourraient fausser les analyses ?
- **Pertinence** : Les données sont-elles pertinentes pour les cas d'usage IA envisagés ?
- **Format** : Les données sont-elles dans un format exploitable par les outils d'IA ?

**Exemple concret :**

L'entreprise de fabrication a évalué ses données de télémétrie et identifié plusieurs problèmes :

- Données manquantes pour certaines périodes (problèmes de connectivité)
- Incohérences dans les unités de mesure entre différentes générations de machines
- Absence d'identifiants uniques pour relier les données de télémétrie aux interventions de maintenance
- Format propriétaire difficile à intégrer dans les outils d'analyse standard

Cette évaluation a permis de définir un plan d'amélioration de la qualité des données avant de lancer le projet de maintenance prédictive.

## Identifier les lacunes et les besoins

Une fois votre patrimoine de données évalué, identifiez les lacunes par rapport à vos ambitions IA.

**Questions à vous poser :**

- Quelles données supplémentaires seraient nécessaires pour vos cas d'usage prioritaires ?
- Comment pourriez-vous enrichir vos données existantes ?
- Quelles sources externes pourraient compléter vos données internes ?
- Quels sont les obstacles techniques ou organisationnels à l'accès aux données ?

**Exemple concret :**

L'entreprise de fabrication a identifié plusieurs lacunes :

- Absence de données sur les conditions environnementales des machines (température ambiante, humidité)
- Manque d'informations sur l'utilisation réelle des machines par les clients
- Données de qualité des composants fournisseurs non reliées aux défaillances

Pour combler ces lacunes, elle a décidé de :

- Ajouter des capteurs environnementaux sur les nouvelles installations
- Développer un module de suivi d'utilisation avec l'accord des clients
- Mettre en place un système de traçabilité des composants

# Mettre en place une gouvernance des données efficace

Une bonne gouvernance des données est essentielle pour garantir leur qualité, leur sécurité et leur conformité réglementaire.

## Définir les rôles et responsabilités

La gouvernance des données nécessite une répartition claire des responsabilités à travers l'organisation.

**Rôles clés à considérer :**

- **Chief Data Officer (CDO) :** Responsable de la stratégie globale des données
- **Propriétaires de données (Data Owners) :** Responsables métier qui "possèdent" certaines données
- **Stewards de données :** Veillent à la qualité et à l'intégrité des données au quotidien
- **Architectes de données :** Conçoivent la structure et les flux de données
- **Ingénieurs de données :** Construisent et maintiennent les pipelines de données
- **Analystes et Data Scientists :** Exploitent les données pour en tirer des insights
- **Responsable de la sécurité des données :** Veille à la protection des données sensibles
- Délégué à la protection des données (DPO) : Assure la conformité réglementaire

Ces rôles peuvent être adaptés selon la taille de votre organisation. Dans une PME, une même personne peut cumuler plusieurs rôles.

**Exemple concret :**

Une banque régionale a mis en place une structure de gouvernance adaptée à sa taille moyenne :

- Un CDO rattaché à la direction générale
- Des propriétaires de données dans chaque département (crédit, épargne, assurance, etc.)
- Une équipe centrale de 3 data stewards pour maintenir les référentiels communs

- Un comité de gouvernance des données se réunissant mensuellement
- Un DPO travaillant en étroite collaboration avec le département juridique

Cette structure a permis de clarifier les responsabilités et d'accélérer les projets data et IA.

## Établir des politiques et procédures

Une gouvernance efficace repose sur des politiques et procédures claires et documentées.

**Éléments essentiels :**

- **Politique de qualité des données :** Standards, métriques et processus d'amélioration
- **Catalogue de données :** Inventaire centralisé de toutes les données disponibles
- **Dictionnaire de données :** Définitions communes des termes et concepts business
- **Politique de cycle de vie :** Règles de conservation, d'archivage et de suppression
- **Politique d'accès :** Qui peut accéder à quelles données et dans quelles conditions
- Procédures de gestion des incidents : Comment réagir en cas de problème
- **Standards d'intégration :** Comment intégrer de nouvelles sources de données

**Exemple concret :**

Un distributeur omnicanal a développé un catalogue de données accessible via un portail interne où chaque employé peut :

- Découvrir les données disponibles dans l'organisation
- Comprendre leur signification business et technique
- Identifier les propriétaires et les processus d'accès

- Évaluer la qualité et la fraîcheur des données
- Demander des accès via un workflow automatisé

Ce catalogue a considérablement réduit le temps nécessaire pour trouver et accéder aux données pertinentes.

## Mettre en œuvre des outils de gestion des données

La gouvernance des données s'appuie sur des outils spécifiques pour automatiser et faciliter les processus.

**Outils essentiels :**

- **Plateformes de gouvernance :** Pour définir et appliquer les politiques
- **Outils de qualité des données :** Pour surveiller et améliorer la qualité
- Solutions MDM (Master Data Management) : Pour gérer les données de référence
- **Catalogues de données :** Pour inventorier et documenter les actifs de données
- **Outils de lignage :** Pour tracer l'origine et les transformations des données
- **Solutions de masquage :** Pour protéger les données sensibles
- **Plateformes de conformité :** Pour gérer les aspects réglementaires

**Exemple concret :**

Une compagnie d'assurance a mis en place une suite d'outils intégrés :

- Un catalogue de données avec fonctionnalités sociales (commentaires, évaluations)
- Des outils de profilage automatique pour détecter les anomalies

- Un système de lignage visuel montrant l'origine et les transformations des données
- Des tableaux de bord de qualité accessibles à tous les propriétaires de données

Ces outils ont permis d'améliorer la qualité des données de 65% à 92% en 18 mois, créant une base solide pour les projets IA.

# Qualité, quantité, pertinence : les prérequis pour une IA performante

Chaque type d'IA a des exigences spécifiques en matière de données. Comprendre ces besoins vous aidera à préparer le terrain pour des projets réussis.

## Les besoins en données selon le type d'IA

Différentes approches d'IA nécessitent différents types et volumes de données.

**Apprentissage supervisé :**

- **Besoins :** Données étiquetées (exemples avec les réponses correctes)
- **Volume :** Généralement des milliers à des millions d'exemples
- **Qualité :** Étiquettes précises et représentatives
- **Exemples :** Classification d'emails, prédiction des ventes, détection de fraude

**Apprentissage non supervisé :**

- **Besoins :** Données non étiquetées, mais structurées
- **Volume :** Généralement des dizaines de milliers d'exemples minimum
- **Qualité :** Données représentatives de la population cible
- **Exemples :** Segmentation client, détection d'anomalies, clustering

**Apprentissage par renforcement :**

- **Besoins :** Environnement simulé ou données d'interaction
- **Volume :** Dépend de la complexité du problème
- **Qualité :** Définition claire des récompenses et pénalités
- **Exemples :** Optimisation de processus, robotique, jeux

**Systèmes basés sur des règles :**

- **Besoins :** Expertise humaine formalisée
- **Volume :** Relativement faible
- **Qualité :** Règles précises et exhaustives
- **Exemples :** Systèmes experts, moteurs de décision simples

**Exemple concret :**

Un détaillant en ligne souhaitait développer trois systèmes IA différents :

1. **Système de recommandation produit** (apprentissage supervisé) : A nécessité 2 ans d'historique d'achats et de navigation de clients, avec des millions d'interactions
2. **Détection de fraude** (apprentissage supervisé + non supervisé) : A nécessité des exemples étiquetés de transactions frauduleuses et légitimes
3. **Optimisation des prix** (apprentissage par renforcement) : A nécessité un environnement simulé basé sur l'historique des ventes et la sensibilité aux prix

Chaque système a requis une préparation spécifique des données.

## Stratégies pour améliorer la qualité des données

La qualité des données est souvent le facteur limitant dans les projets IA. Voici comment l'améliorer :

**Approches proactives :**

- **Validation à la source :** Implémentez des contrôles de validation dès la saisie des données
- **Standardisation :** Définissez et appliquez des formats et nomenclatures standards
- **Dédoublonnage :** Mettez en place des processus pour identifier et fusionner les doublons
- **Enrichissement :** Complétez vos données avec des sources externes fiables
- **Gouvernance continue :** Instaurez des processus réguliers de revue et nettoyage

**Approches réactives :**

- **Profilage des données :** Analysez systématiquement vos données pour détecter les anomalies
- **Nettoyage :** Corrigez les erreurs, incohérences et valeurs aberrantes
- **Imputation :** Traitez intelligemment les valeurs manquantes
- **Réconciliation :** Harmonisez les données provenant de sources différentes
- **Feedback loops :** Créez des mécanismes pour signaler et corriger les erreurs

**Exemple concret :**

Un hôpital a considérablement amélioré la qualité de ses données patients :

- Mise en place de formulaires intelligents avec validation en temps réel
- Utilisation d'algorithmes de matching pour identifier les dossiers en double
- Enrichissement automatique via les bases nationales de santé
- Création d'un "data quality dashboard" pour chaque service
- Formation des personnels administratifs aux bonnes pratiques

Ces améliorations ont permis de réduire les erreurs de 78% et de créer une base fiable pour des projets d'IA médicale.

## Stratégies quand les données sont limitées

Que faire lorsque vous ne disposez pas du volume idéal de données pour vos projets IA ?

**Approches possibles :**

- **Augmentation de données :** Générez artificiellement de nouvelles données à partir des données existantes (rotation d'images, paraphrases de textes, etc.)
- **Transfer learning :** Utilisez des modèles pré-entraînés sur de grands jeux de données et affinez-les avec vos données limitées
- **Apprentissage semi-supervisé :** Combinez un petit ensemble de données étiquetées avec un grand ensemble non étiqueté
- **Apprentissage actif :** Laissez l'algorithme choisir les exemples les plus informatifs à faire étiqueter
- **Données synthétiques :** Générez des données artificielles basées sur les distributions statistiques de vos données réelles
- **Approches hybrides :** Combinez modèles basés sur les données et règles expertes

**Exemple concret :**

Une startup médicale développant un système de diagnostic par image disposait de seulement 500 images étiquetées, bien loin des dizaines de milliers habituellement nécessaires. Elle a réussi grâce à :

- L'utilisation d'un modèle pré-entraîné sur ImageNet (transfer learning)
- L'augmentation des images (rotations, zooms, modifications de contraste)

- La génération d'images synthétiques via des réseaux antago-
  nistes génératifs (GANs)
- L'implication de médecins pour valider les cas les plus incer-
  tains (apprentissage actif)

Cette approche a permis d'atteindre une précision de 92%, compa-
rable aux systèmes entraînés sur des milliers d'images.

# Respecter la réglementation et l'éthique des don-
nées

L'utilisation des données pour l'IA soulève des questions réglementaires et éthiques qu'il est essentiel d'aborder proactivement.

## Comprendre le cadre réglementaire

Les réglementations sur la protection des données varient selon les
régions, mais partagent des principes communs.

**Principales réglementations :**

- **RGPD (Europe) :** Règlement général sur la protection des
  données
- **CCPA/CPRA (Californie) :** California Consumer Privacy Act /
  California Privacy Rights Act
- **LGPD (Brésil) :** Lei Geral de Proteção de Dados
- **Réglementations sectorielles :** HIPAA (santé), GLBA (fi-
  nance), etc.

**Principes clés à respecter :**

- **Licéité et transparence :** Base légale claire pour le traitement
  et information des personnes
- **Limitation des finalités :** Utilisation des données uniquement
  pour des finalités spécifiées
- **Minimisation :** Collecte limitée aux données strictement nécessaires

- **Exactitude :** Maintien de l'exactitude et mise à jour des données
- Limitation de conservation : Stockage limité dans le temps
- **Sécurité :** Protection contre les accès non autorisés et les fuites
- **Responsabilité :** Capacité à démontrer la conformité

**Exemple concret :**

Une entreprise de e-commerce européenne a mis en place un framework de conformité pour ses projets IA :

- Analyse d'impact sur la protection des données (AIPD) pour chaque projet
- Registre des traitements détaillant les finalités et bases légales
- Mécanismes de consentement granulaire pour les utilisateurs
- Procédures d'exercice des droits (accès, rectification, effacement)
- Documentation technique sur les mesures de protection implémentées

Ce framework a permis de lancer des projets IA innovants tout en respectant pleinement le RGPD.

## Considérations éthiques spécifiques à l'IA

Au-delà de la conformité réglementaire, l'utilisation éthique des données pour l'IA soulève des questions spécifiques.

**Enjeux éthiques majeurs :**

- **Biais et discrimination :** Les modèles IA peuvent perpétuer ou amplifier les biais présents dans les données
- **Transparence et explicabilité :** Capacité à comprendre et expliquer les décisions des systèmes IA
- **Consentement éclairé :** Les personnes comprennent-elles vraiment comment leurs données sont utilisées ?

- **Surveillance et vie privée :** Risque d'utilisation intrusive des capacités de l'IA
- **Impact social :** Conséquences plus larges sur l'emploi, les inégalités, etc.

**Approches recommandées :**

- **Audits de biais :** Testez systématiquement vos modèles pour détecter les biais potentiels
- **IA explicable :** Privilégiez les approches permettant d'expliquer les décisions
- **Privacy by design :** Intégrez la protection de la vie privée dès la conception
- **Supervision humaine :** Maintenez un humain dans la boucle pour les décisions importantes
- **Évaluation d'impact :** Analysez les conséquences sociales potentielles de vos systèmes IA

**Exemple concret :**

Une banque développant un système d'IA pour l'octroi de crédit a mis en place plusieurs garde-fous éthiques :

- Tests réguliers pour détecter les biais potentiels (genre, âge, origine ethnique)
- Modèle "glass-box" fournissant des explications claires pour chaque décision
- Processus d'appel humain pour toute décision contestée
- Comité d'éthique incluant des représentants de la société civile
- Tableau de bord de suivi de l'équité des décisions au fil du temps

Ces mesures ont permis d'obtenir un système plus équitable que le processus humain précédent, tout en maintenant la confiance des clients.

# Stratégies de protection des données sensibles

Certaines techniques permettent d'exploiter la valeur des données tout en protégeant la vie privée.

**Approches techniques :**

- **Anonymisation :** Suppression irréversible des identifiants personnels
- **Pseudonymisation :** Remplacement des identifiants directs par des pseudonymes
- **Agrégation :** Utilisation de données groupées plutôt qu'individuelles
- **Differential privacy :** Ajout de "bruit" contrôlé pour protéger les individus
- **Chiffrement homomorphe :** Calculs sur des données chiffrées sans déchiffrement
- **Federated learning :** Apprentissage distribué sans centralisation des données
- **Secure multi-party computation :** Calculs conjoints préservant la confidentialité

**Exemple concret :**

Un consortium d'hôpitaux souhaitant développer un modèle IA de diagnostic sans partager les données patients a utilisé :

- Le federated learning pour entraîner un modèle commun sans centraliser les données
- La differential privacy pour protéger les patients individuels
- Des techniques de validation croisée distribuée pour évaluer les performances

Cette approche a permis de créer un modèle performant tout en respectant strictement la confidentialité des données patients et les réglementations sanitaires.

# Cas pratique : Transformer vos données en actif stratégique

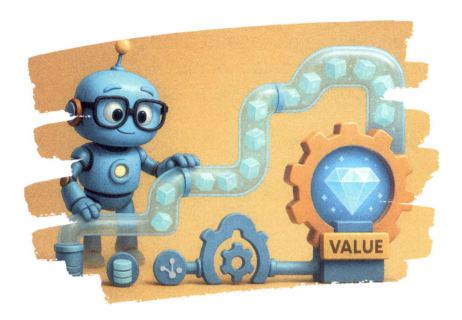

Comment passer d'une approche réactive à une vision stratégique de vos données ? Voici un cas pratique illustrant cette transformation.

## Situation initiale

Une entreprise de services B2B de taille moyenne (250 employés) souhaitait exploiter l'IA pour améliorer sa performance, mais faisait face à plusieurs défis liés aux données :

- Données dispersées dans de multiples systèmes non connectés
- Qualité variable et absence de standards communs
- Manque de compétences data en interne
- Culture peu orientée données
- Absence de gouvernance formalisée

## Approche adoptée

L'entreprise a suivi une démarche en quatre phases :

## Phase 1 : Évaluation et vision (2 mois)

- Cartographie complète des sources de données existantes
- Évaluation de la qualité et de l'utilisabilité
- Identification des cas d'usage IA à fort potentiel
- Définition d'une vision data à 3 ans
- Obtention du sponsorship de la direction

## Phase 2 : Fondations (6 mois)

- Création d'un data lake centralisé
- Mise en place d'une gouvernance de base (rôles, politiques)
- Développement d'un catalogue de données
- Recrutement d'un data manager et formation des équipes
- Lancement d'initiatives de qualité des données prioritaires

## Phase 3 : Premiers cas d'usage (4 mois)

- Sélection de deux cas d'usage IA à fort impact et faible complexité
- Mise en place des pipelines de données nécessaires
- Développement et déploiement des modèles
- Mesure rigoureuse des résultats business
- Communication interne sur les succès

## Phase 4 : Industrialisation (en cours)

- Élargissement à d'autres cas d'usage
- Renforcement de la gouvernance et des compétences
- Automatisation des processus de qualité des données
- Intégration de la data dans tous les processus décisionnels
- Développement d'une culture data dans toute l'organisation

## Résultats obtenus

Après 18 mois, l'entreprise a obtenu des résultats significatifs :

- Création d'un patrimoine de données unifié et de qualité
- Déploiement de 5 cas d'usage IA générant 1,8M€ de valeur annuelle
- Réduction de 70% du temps nécessaire pour accéder aux données pertinentes
- Amélioration de la qualité des données de 62% à 91%
- Développement d'une culture data-driven à tous les niveaux

## Facteurs clés de succès

Plusieurs facteurs ont contribué à cette transformation réussie :

- Sponsorship fort de la direction générale
- Approche progressive avec des quick wins
- Focus sur la valeur business plutôt que la technologie
- Implication des métiers dès le début
- Équilibre entre initiatives centralisées et décentralisées
- Communication continue sur les progrès et les succès

## Leçons apprises

L'entreprise a également tiré plusieurs enseignements :

- La transformation des données est avant tout culturelle et organisationnelle
- La qualité des données doit être traitée à la source, pas seulement nettoyée a posteriori
- L'adhésion des utilisateurs est cruciale pour maintenir la qualité dans le temps
- Les compétences data doivent être développées dans toute l'organisation, pas seulement dans une équipe spécialisée

- La valeur des données augmente exponentiellement lorsqu'elles sont connectées et contextualisées

## Conclusion : Les données comme fondation de votre stratégie IA

Ce chapitre vous a présenté les différentes facettes de la gestion des données pour l'IA : évaluation, gouvernance, qualité, conformité et transformation stratégique.

Retenez ces points essentiels :

1. **Les données sont un actif stratégique :** Traitez-les avec le même soin que vos autres actifs critiques (finances, talents, propriété intellectuelle)
2. **La qualité prime sur la quantité :** Des données de mauvaise qualité conduiront inévitablement à des résultats décevants, quelle que soit la sophistication de vos algorithmes
3. **La gouvernance n'est pas une option :** Une gouvernance efficace est la clé d'une utilisation durable et conforme de vos données
4. **L'éthique doit être intégrée dès le départ :** Les considérations éthiques ne sont pas un frein mais une condition de la confiance et de l'acceptabilité
5. **La transformation est un voyage :** Adoptez une approche progressive, en équilibrant les gains à court terme et la construction de capacités à long terme

Dans le prochain chapitre, nous aborderons un autre pilier essentiel de votre transformation IA : l'humain. Car si les données sont le carburant de l'IA, les personnes en sont les pilotes.

# Chapitre 6

## L'humain au cœur de la transformation IA

L'intelligence artificielle est souvent perçue comme une technologie qui remplace l'humain. La réalité est tout autre : les organisations qui réussissent leur transformation IA sont celles qui placent l'humain au centre de leur démarche. Ce chapitre explore comment préparer vos équipes, développer les compétences nécessaires, réorganiser les rôles et cultiver une culture propice à l'innovation IA.

## Préparer vos équipes au changement

L'introduction de l'IA dans une organisation représente un changement profond qui peut susciter des craintes et des résistances. Une préparation adéquate est essentielle.

### Comprendre les réactions face à l'IA

Les réactions face à l'IA varient considérablement selon les individus et les contextes.

**Réactions typiques :**

- **Enthousiasme :** Certains collaborateurs voient l'IA comme une opportunité passionnante d'innovation et d'évolution professionnelle
- **Curiosité prudente :** D'autres sont intéressés mais prudents, attendant de voir les implications concrètes
- **Anxiété :** Beaucoup s'inquiètent de l'impact sur leur emploi, leurs compétences ou leur autonomie
- **Résistance active :** Certains peuvent activement s'opposer au changement par peur ou par principe
- **Indifférence :** D'autres encore peuvent ne pas percevoir l'importance du changement

Ces réactions coexistent généralement dans toute organisation et peuvent évoluer avec le temps.

**Exemple concret :**

Une compagnie d'assurance déployant un système d'IA pour l'analyse des réclamations a cartographié les attitudes de ses équipes :

- 15% d'enthousiastes (principalement dans l'IT et l'innovation)
- 30% de curieux prudents (majoritairement des managers et jeunes employés)
- 40% d'anxieux (surtout parmi les analystes de réclamations expérimentés)
- 10% de résistants actifs (incluant quelques leaders d'opinion informels)
- 5% d'indifférents (principalement dans des fonctions peu impactées)

Cette cartographie a permis de personnaliser l'approche de gestion du changement selon les groupes.

## Élaborer une stratégie de gestion du changement

Une stratégie structurée de gestion du changement maximise les chances d'adoption réussie de l'IA.

**Composantes essentielles :**

- **Vision claire :** Articulez pourquoi l'IA est importante pour l'organisation et ce qu'elle permettra d'accomplir
- **Cas d'usage concrets :** Montrez comment l'IA résoudra des problèmes réels que rencontrent les équipes
- **Plan de communication :** Partagez régulièrement des informations transparentes sur les projets et leur avancement
- **Implication précoce :** Engagez les utilisateurs finaux dès la conception des solutions
- **Gestion des préoccupations :** Créez des espaces sûrs pour exprimer et traiter les inquiétudes
- **Célébration des succès :** Mettez en valeur les réussites et reconnaissez les contributions
- **Feedback continu :** Recueillez et intégrez les retours tout au long du processus

**Exemple concret :**

Un hôpital déployant l'IA pour l'aide au diagnostic a mis en place une stratégie de gestion du changement en plusieurs volets :

- Séminaires "L'IA en médecine" animés par des médecins champions du projet
- Démonstrations pratiques montrant comment l'IA assiste (et non remplace) le jugement médical
- Période de test où les recommandations de l'IA étaient fournies mais facultatives
- Groupes de discussion réguliers pour recueillir les préoccupations
- Publication des résultats montrant l'amélioration des diagnostics grâce à la collaboration homme-machine
- Programme de reconnaissance pour les médecins contribuant à l'amélioration du système

Cette approche a permis d'atteindre un taux d'adoption de 92% en six mois, bien au-delà des attentes initiales.

## Gérer les craintes liées à l'emploi

La peur de perdre son emploi est l'une des principales sources de résistance à l'IA. Il est crucial de l'aborder directement.

**Approches recommandées :**

- **Transparence :** Soyez honnête sur les impacts potentiels sur les emplois et les compétences
- **Vision positive :** Mettez l'accent sur la transformation des rôles plutôt que leur élimination
- **Engagement :** Prenez des engagements concrets sur la gestion des transitions
- **Reconversion :** Proposez des parcours de développement vers de nouveaux rôles
- **Exemples concrets :** Partagez des histoires de collaborateurs dont le travail a été enrichi par l'IA
- **Co-construction :** Impliquez les équipes dans la définition des nouveaux modes de travail

**Exemple concret :**

Une banque déployant l'automatisation IA dans son back-office a adopté une approche proactive :

- Communication claire que l'objectif était d'éliminer les tâches répétitives, pas les emplois
- Garantie qu'aucun licenciement ne serait lié directement à l'IA pendant 18 mois
- Programme "Votre futur rôle" permettant à chaque employé d'explorer des évolutions possibles
- Formation anticipée aux nouvelles compétences requises
- Création de nouveaux rôles de "superviseurs IA" et "spécialistes de l'expérience client"

- Témoignages réguliers d'employés dont le travail est devenu plus intéressant grâce à l'IA

Résultat : 85% des employés du back-office ont été redéployés vers des rôles à plus forte valeur ajoutée, avec un taux de satisfaction supérieur à leur position précédente.

## Développer les compétences nécessaires

L'IA requiert de nouvelles compétences à tous les niveaux de l'organisation, pas seulement chez les spécialistes techniques.

### Cartographier les compétences IA

La première étape consiste à identifier les compétences nécessaires pour votre transformation IA.

**Catégories de compétences :**

- **Compétences techniques spécialisées :** Data science, machine learning, ingénierie des données, MLOps, etc.
- **Compétences techniques générales :** Littératie des données, pensée algorithmique, compréhension des concepts IA
- **Compétences business :** Identification des cas d'usage, évaluation du ROI, gestion de projet IA
- **Compétences transversales :** Pensée critique, créativité, collaboration homme-machine, éthique de l'IA

Pour chaque catégorie, définissez différents niveaux de maîtrise requis selon les rôles.

**Exemple concret :**

Une entreprise industrielle a créé une matrice de compétences IA avec quatre niveaux :

- **Niveau 1 (tous les employés) :** Compréhension de base de l'IA, conscience des opportunités et limites
- **Niveau 2 (managers) :** Capacité à identifier les cas d'usage, comprendre les implications business
- **Niveau 3 (power users) :** Aptitude à collaborer avec les experts IA, interpréter les résultats, affiner les modèles
- **Niveau 4 (experts) :** Maîtrise technique approfondie, capacité à développer et déployer des solutions IA

Cette matrice a servi de base à son plan de développement des compétences.

## Stratégies d'acquisition des talents

Pour les compétences spécialisées, vous devrez souvent recruter de nouveaux talents, dans un marché très compétitif.

**Approches efficaces :**

- **Proposition de valeur unique :** Développez une "marque employeur IA" attractive
- **Sourcing créatif :** Allez au-delà des canaux traditionnels (hackathons, open source, communautés spécialisées)
- **Critères repensés :** Valorisez le potentiel et la capacité d'apprentissage autant que l'expérience
- **Parcours d'intégration :** Créez un onboarding spécifique pour les talents IA
- **Environnement stimulant :** Offrez des défis techniques intéressants et une culture d'apprentissage
- **Rétention proactive :** Anticipez les besoins d'évolution de ces profils très demandés

**Exemple concret :**

Une entreprise de taille moyenne dans un secteur traditionnel a réussi à attirer des talents IA grâce à :

- Un programme "IA for Good" permettant aux data scientists de consacrer 20% de leur temps à des projets à impact social
- Des partenariats avec des universités locales (stages, projets de recherche)
- Une approche de recrutement basée sur des défis techniques réels plutôt que des entretiens classiques
- Un environnement technique moderne et flexible (cloud, open source, expérimentation)
- Des opportunités de publication et de participation à des conférences
- Un programme de mentorat inversé où les experts IA forment les dirigeants

Cette approche lui a permis de constituer une équipe de 12 experts IA en 18 mois, malgré un budget inférieur aux grandes entreprises technologiques.

## Programmes de formation et de reconversion

Pour la majorité des compétences IA, la formation de vos collaborateurs actuels est la voie la plus efficace.

**Approches de formation :**

- **Parcours personnalisés :** Adaptez la formation aux rôles et niveaux de départ
- **Blended learning :** Combinez formation en ligne, ateliers pratiques et coaching
- **Learning by doing :** Intégrez l'apprentissage à des projets réels
- **Communautés de pratique :** Facilitez l'apprentissage entre pairs
- **Certification :** Reconnaissez formellement les compétences acquises
- **Évaluation continue :** Mesurez régulièrement les progrès et ajustez les parcours

**Exemple concret :**

Un groupe de distribution a développé un programme complet de montée en compétences IA :

- **Pour tous (8000 employés) :** Module e-learning "IA au quotidien" (2h)
- **Pour les managers (600) :** Programme "Leader à l'ère de l'IA" (2 jours + coaching)
- **Pour les analystes métier (150) :** Parcours "Business Analyst augmenté" (10 jours sur 3 mois)
- **Pour les reconversions (50) :** Bootcamp "Data Scientist Junior" (3 mois intensifs + 6 mois de mentorat)
- **Pour les experts IT (80) :** Formation spécialisée MLOps et IA Engineering (modules à la carte)

Ce programme a permis de pourvoir 80% des besoins en compétences IA en interne, réduisant considérablement les coûts de recrutement et améliorant la rétention.

# Réorganiser les rôles et responsabilités

L'intégration de l'IA nécessite souvent de repenser l'organisation du travail et la structure des équipes.

## Nouveaux rôles émergents

L'IA fait émerger de nouveaux rôles qui n'existaient pas auparavant.
**Rôles techniques :**

- **Data Scientist :** Développe des modèles d'analyse prédictive et de machine learning
- **ML Engineer :** Transforme les prototypes en solutions robustes et évolutives
- **Data Engineer :** Construit et maintient les pipelines de données
- **MLOps Engineer :** Gère le cycle de vie des modèles en production
- **AI Ethics Officer :** Veille à l'utilisation éthique et responsable de l'IA

**Rôles hybrides :**

- **AI Product Manager :** Définit et priorise les fonctionnalités des produits IA
- **AI Business Translator :** Fait le pont entre les besoins métier et les solutions techniques
- **AI Trainer :** Supervise l'apprentissage des modèles et la qualité des données d'entraînement
- **Human-in-the-loop Operator :** Valide et affine les décisions des systèmes IA
- **AI Change Agent :** Facilite l'adoption de l'IA dans les équipes métier

**Exemple concret :**

Une compagnie d'assurance a créé plusieurs nouveaux rôles dans son parcours IA :

- **AI Solution Architects :** Conçoivent l'architecture globale des solutions IA
- **Claims AI Trainers :** Experts métier formant et supervisant les modèles d'analyse des sinistres
- **AI Experience Designers :** Conçoivent les interfaces homme-machine pour les solutions IA
- **AI Ethics Committee Members :** Groupe transverse évaluant les implications éthiques des projets
- **Digital Workers Managers :** Supervisent les processus automatisés comme ils le feraient pour une équipe humaine

Ces nouveaux rôles ont créé des opportunités d'évolution pour les collaborateurs existants tout en améliorant l'efficacité des projets IA.

## Modèles organisationnels pour l'IA

Il existe différentes façons d'organiser vos équipes IA, chacune avec ses avantages et inconvénients.

**Modèles courants :**

- **Équipe centralisée :** Une équipe IA unique servant toute l'organisation
  - *Avantages :* Masse critique d'expertise, cohérence des approches, économies d'échelle
  - *Inconvénients :* Possible déconnexion des besoins métier, goulot d'étranglement potentiel

- **Équipes décentralisées :** Experts IA intégrés dans chaque unité métier

  - *Avantages :* Proximité avec les besoins métier, agilité, appropriation
  - *Inconvénients :* Duplication des efforts, difficulté à maintenir l'expertise, silos potentiels

- **Modèle hub-and-spoke :** Centre d'excellence central + experts embarqués dans les métiers

  - *Avantages :* Équilibre entre cohérence et proximité, flexibilité, scalabilité
  - *Inconvénients :* Complexité de gouvernance, tensions potentielles sur les priorités

- **Modèle fédéré :** Communauté de pratique transverse avec experts répartis dans l'organisation

  - *Avantages :* Agilité, partage de connaissances, appropriation par les métiers
  - *Inconvénients :* Coordination plus difficile, risque de dispersion des efforts

**Exemple concret :**

Un groupe industriel international a adopté un modèle hub-and-spoke évolutif :

- **Phase 1 :** Équipe centrale de 10 experts créant les premières solutions et les fondations
- **Phase 2 :** Ajout d'experts embarqués dans les 3 divisions prioritaires, tout en maintenant l'équipe centrale
- **Phase 3 :** Déploiement d'experts dans toutes les divisions, l'équipe centrale évoluant vers un rôle de gouvernance, formation et R&D
- **Phase 4 :** Création de mini-centres d'excellence dans chaque division, avec l'équipe centrale focalisée sur la stratégie et l'innovation

Cette évolution progressive a permis d'équilibrer expertise technique et proximité métier au fur et à mesure de la maturité IA de l'organisation.

# Collaboration homme-machine

L'IA transforme profondément la façon dont les humains travaillent, créant de nouveaux modes de collaboration.

## Modèles de collaboration :

- **IA consultative :** L'IA fournit des recommandations, l'humain prend les décisions finales
- **IA augmentative :** L'IA amplifie les capacités humaines en automatisant certaines tâches
- **Supervision humaine :** L'IA agit de manière autonome avec une supervision humaine
- **Collaboration adaptative :** Le niveau d'autonomie de l'IA varie selon le contexte et la confiance

## Principes de conception :

- **Transparence :** Les humains comprennent ce que fait l'IA et pourquoi
- **Contrôle :** Les humains peuvent intervenir et ajuster le comportement de l'IA
- **Complémentarité :** L'IA et l'humain se concentrent sur leurs forces respectives

- **Apprentissage mutuel :** L'IA s'améliore grâce au feedback humain, les humains apprennent de l'IA
- **Confiance progressive :** L'autonomie de l'IA augmente progressivement avec l'expérience

**Exemple concret :**

Un cabinet de conseil juridique a implémenté un système IA pour l'analyse de contrats avec trois modes de collaboration :

- **Mode apprentissage :** L'IA analyse les contrats en parallèle des juristes et compare ses conclusions (invisible pour les juristes)
- **Mode assistance :** L'IA suggère des points d'attention et des clauses potentiellement problématiques que le juriste peut accepter ou rejeter
- **Mode autonomie supervisée :** L'IA analyse automatiquement les contrats standards et signale uniquement les anomalies aux juristes

Le système adapte automatiquement son mode selon la complexité du contrat, l'expérience passée et le niveau de confiance du juriste. Cette approche a permis de réduire le temps d'analyse de 65% tout en améliorant la détection des problèmes de 23%.

# Cultiver une culture d'innovation et d'apprentissage

La technologie seule ne suffit pas : une culture organisationnelle adaptée est essentielle au succès de l'IA.

## Caractéristiques d'une culture propice à l'IA

Certains traits culturels favorisent particulièrement l'adoption et l'innovation en matière d'IA.

**Éléments culturels clés :**

- **Orientation données :** Valorisation des décisions basées sur les données plutôt que sur l'intuition seule
- **Expérimentation :** Tolérance à l'échec et apprentissage continu
- **Collaboration :** Décloisonnement entre métiers, IT et data science
- **Curiosité :** Ouverture aux nouvelles idées et technologies
- **Agilité :** Capacité à pivoter rapidement en fonction des résultats
- **Éthique :** Sensibilité aux implications sociales et éthiques de l'IA
- **Apprentissage continu :** Valorisation du développement des compétences

**Exemple concret :**

Une entreprise de services financiers a transformé sa culture pour soutenir sa stratégie IA :

- Création d'un "Data Lab" ouvert à tous les employés pour expérimenter avec les données
- Programme "Fail Forward" célébrant les échecs instructifs et les leçons apprises
- Rituels "Data Stories" où les équipes partagent leurs insights et découvertes
- Bootcamps d'innovation où des équipes mixtes (métier/IT/data) développent des prototypes en 48h
- Intégration de métriques basées sur les données dans tous les objectifs d'équipe
- "Ethical Thursdays" : sessions mensuelles de discussion sur les implications éthiques de l'IA

Ces initiatives ont progressivement transformé une culture traditionnellement hiérarchique et averse au risque en un environnement plus propice à l'innovation IA.

# Leadership à l'ère de l'IA

Les leaders jouent un rôle crucial dans la transformation culturelle nécessaire à l'IA.

**Compétences de leadership IA :**

- **Vision technologique :** Comprendre suffisamment l'IA pour en saisir le potentiel stratégique
- **Pensée systémique :** Appréhender les implications organisationnelles complexes
- **Courage :** Prendre des risques calculés et persévérer face aux obstacles
- **Humilité :** Reconnaître les limites de sa propre expertise et valoriser celle des autres
- **Communication :** Traduire les concepts techniques en valeur business
- **Empathie :** Comprendre et adresser les préoccupations des équipes
- **Agilité d'apprentissage :** Capacité à apprendre et s'adapter rapidement

**Exemple concret :**

Un fabricant automobile a développé un programme spécifique pour ses 200 top managers :

- Immersion d'une semaine dans des entreprises tech avancées en IA
- Mentorat inversé : chaque dirigeant est coaché par un jeune expert IA
- Ateliers pratiques où les managers expérimentent eux-mêmes avec des outils IA
- Simulations de transformation IA et de ses impacts organisationnels
- Communauté de pratique entre pairs pour partager les expériences
- Objectifs annuels incluant explicitement des initiatives IA

Ce programme a transformé la perception de l'IA par les dirigeants, passant d'un sujet technique délégué à l'IT à un levier stratégique dont ils se sentent personnellement responsables.

## Mécanismes d'innovation continue

Pour maintenir la dynamique d'innovation IA, des mécanismes structurés sont nécessaires.

**Approches efficaces :**

- **Innovation labs :** Espaces dédiés à l'expérimentation IA avec des ressources protégées
- **Programmes d'intrapreneuriat :** Permettant aux employés de développer leurs idées IA
- **Hackathons :** Événements intensifs de co-création autour de défis IA
- **Partenariats externes :** Collaboration avec startups, universités et écosystème IA
- **Communautés de pratique :** Groupes transverses partageant connaissances et expériences
- **Budgets d'innovation :** Ressources dédiées aux expérimentations IA à petite échelle
- **Reconnaissance :** Célébration visible des innovations réussies

**Exemple concret :**

Une banque de détail a mis en place plusieurs mécanismes complémentaires :

- **AI Garage :** Espace physique et virtuel où les équipes peuvent prototyper des solutions IA
- **Venture Client Program :** Processus accéléré pour collaborer avec des startups IA
- **Quarterly AI Challenge :** Compétition interne où les équipes proposent des cas d'usage IA

- **Innovation Time :** 10% du temps des équipes dédié à des projets innovants
- **AI Champions Network :** Réseau d'ambassadeurs IA dans chaque département
- **AI Innovation Fund :** Budget dédié aux expérimentations IA (sans processus d'approbation lourd)

Ces mécanismes ont généré plus de 150 idées d'application de l'IA en un an, dont 23 ont été développées en prototypes et 8 déployées à grande échelle.

## Cas pratique : Plan de conduite du changement pour l'adoption de l'IA

Comment mettre en pratique ces principes dans un plan concret ? Voici un cas illustrant une approche complète.

### Contexte

Une entreprise de logistique de taille moyenne (500 employés) déploie un système d'IA pour optimiser ses tournées de livraison et prédire la demande. Ce système aura un impact significatif sur les planificateurs, les chauffeurs et les équipes commerciales.

### Approche en 5 phases
### Phase 1 : Préparation (2 mois avant déploiement)

- Cartographie des parties prenantes et analyse d'impact
- Formation d'un groupe de "champions" dans chaque équipe impactée
- Élaboration d'une vision claire et d'un narratif convaincant
- Définition des nouveaux rôles et parcours d'évolution
- Création d'un plan de communication multi-canal

### Phase 2 : Sensibilisation (1-2 mois avant)

- Sessions d'information pour toutes les équipes impactées

- Démonstrations concrètes des systèmes IA et de leurs bénéfices
- Ateliers de questions-réponses pour adresser les préoccupations
- Formation des managers à l'accompagnement de leurs équipes
- Mise en place d'un site intranet dédié avec FAQ et ressources

## Phase 3 : Préparation au changement (2-4 semaines avant)

- Formation approfondie des utilisateurs directs
- Période de test en parallèle (ancien et nouveau système)
- Ajustements basés sur les retours des utilisateurs
- Finalisation des nouveaux processus et responsabilités
- Communication des plans de transition détaillés

## Phase 4 : Déploiement (jour J et premières semaines)

- Support renforcé sur site pendant la transition
- Mécanisme de feedback quotidien et ajustements rapides
- Célébration des premiers succès et reconnaissance des efforts
- Résolution prioritaire des problèmes identifiés
- Communication régulière sur les progrès et les défis

## Phase 5 : Ancrage (1-6 mois après)

- Suivi régulier de l'adoption et des performances
- Formation continue et développement des compétences avancées
- Documentation des meilleures pratiques et leçons apprises
- Évolution du système basée sur les retours d'expérience
- Préparation des prochaines phases d'amélioration

## Résultats et leçons apprises

Le déploiement a été un succès, avec quelques enseignements clés :

- L'implication précoce des chauffeurs, initialement sous-estimée, s'est révélée cruciale
- Les démonstrations concrètes ont été plus efficaces que les présentations conceptuelles
- La formation des managers à l'accompagnement du changement a été un facteur déterminant
- La période de test en parallèle a permis de gagner la confiance des équipes
- La communication sur les succès précoces a créé un effet d'entraînement positif
- L'évolution des rôles des planificateurs vers des "superviseurs IA" a été très bien accueillie

Ce cas illustre comment une approche structurée de conduite du changement peut transformer un déploiement IA potentiellement perturbateur en une expérience positive et enrichissante pour les équipes.

## Conclusion : L'IA comme amplificateur du potentiel humain

Ce chapitre a exploré les dimensions humaines de la transformation IA : préparation au changement, développement des compétences, réorganisation des rôles et culture d'innovation.

Retenez ces messages clés :

1. **L'IA transforme les emplois plus qu'elle ne les remplace :** La majorité des rôles évolueront pour intégrer l'IA plutôt que de disparaître
2. **La préparation au changement est aussi importante que la technologie :** Négliger la dimension humaine est la cause la plus fréquente d'échec des projets IA
3. **Les compétences IA concernent toute l'organisation :** Pas seulement les experts techniques, mais tous les collaborateurs à des niveaux différents

4. **De nouveaux modes de collaboration émergent :** L'IA et l'humain peuvent former des équipes plus performantes que chacun séparément

5. **La culture est le terreau de l'innovation IA :** Sans une culture propice, même les meilleures technologies ne produiront pas les résultats espérés

L'IA n'est pas une fin en soi, mais un moyen d'amplifier le potentiel humain. Les organisations qui réussissent leur transformation IA sont celles qui parviennent à créer une synergie entre technologie avancée et talents humains.

Dans le prochain chapitre, nous aborderons un aspect pratique crucial : comment choisir les bonnes solutions et partenaires pour vos initiatives IA.

# Chapitre 7

## Choisir les bonnes solutions et partenaires

Après avoir défini votre stratégie IA, préparé vos données et vos équipes, vous devez maintenant choisir les solutions technologiques et les partenaires qui vous aideront à concrétiser votre vision. Ce chapitre vous guidera dans ces choix cruciaux, en vous aidant à naviguer dans un écosystème IA complexe et en constante évolution.

## Make or buy : développer en interne ou externaliser ?

L'une des premières questions stratégiques est de déterminer ce que vous devez développer en interne et ce que vous pouvez acquérir à l'extérieur.

### Critères de décision

Cette décision doit être prise en fonction de plusieurs facteurs clés.

**Facteurs à considérer :**

- **Caractère stratégique :** L'IA concernée est-elle au cœur de votre avantage concurrentiel ?
- **Spécificité :** Vos besoins sont-ils standards ou hautement spécifiques à votre contexte ?
- **Compétences internes :** Disposez-vous des talents nécessaires pour développer en interne ?
- **Délai de mise sur le marché :** Quelle est l'urgence de déployer la solution ?
- **Coût total :** Quel est le coût complet de développement vs. acquisition ?

- **Propriété intellectuelle :** La propriété des modèles et algorithmes est-elle critique ?
- **Évolutivité :** Comment vos besoins vont-ils évoluer dans le temps ?

## Matrice de décision :

| Critère | Favorise le développement interne | Favorise l'externalisation |
| --- | --- | --- |
| Caractère stratégique | Cœur de métier, différenciation forte | Fonction support, standard du marché |
| Spécificité | Besoins uniques, processus propriétaires | Besoins standards, processus génériques |
| Compétences | Équipe data science expérimentée disponible | Peu ou pas d'expertise IA en interne |
| Délai | Temps disponible, pas d'urgence immédiate | Besoin rapide de résultats |
| Coût | Volume important, utilisation continue | Utilisation ponctuelle ou limitée |
| Propriété intellectuelle | Algorithmes critiques pour l'entreprise | Fonctionnalité générique |
| Évolutivité | Besoins évolutifs nécessitant un contrôle total | Besoins stables, solutions standards |

## Exemple concret :

Une entreprise de e-commerce a appliqué cette matrice à trois projets IA différents :

1. **Système de recommandation produit :**

   - Caractère stratégique : Élevé (impact direct sur les ventes)
   - Spécificité : Élevée (catalogue unique, logique business spécifique)
   - Compétences : Disponibles (équipe data science existante)
   - → Décision : Développement interne

2. **Chatbot service client :**

   - Caractère stratégique : Moyen (important mais pas différenciant)
   - Spécificité : Moyenne (questions spécifiques mais format standard)
   - Compétences : Limitées (pas d'expertise NLP en interne)
   - → Décision : Solution SaaS personnalisable

3. **Détection de fraude :**

   - Caractère stratégique : Élevé (risque financier direct)
   - Spécificité : Moyenne (patterns de fraude relativement standards)
   - Compétences : Indisponibles (expertise très spécialisée)
   - → Décision : Partenariat avec un spécialiste du domaine

## Options de développement interne

Si vous optez pour le développement interne, plusieurs approches sont possibles.

**Approches de développement :**

- **Développement from scratch :** Construction complète de vos solutions IA

  - *Avantages :* Contrôle total, adaptation parfaite à vos besoins
  - *Inconvénients :* Coûteux, long, nécessite des compétences pointues

- Utilisation de frameworks open source : TensorFlow, PyTorch, scikit-learn, etc.

  - *Avantages :* Économie de temps, communauté active, flexibilité

- *Inconvénients :* Nécessite encore des compétences techniques significatives

- **Plateformes low-code/no-code :** Outils visuels de création de modèles IA

  - *Avantages :* Accessibilité, rapidité, moins de compétences techniques requises
  - *Inconvénients :* Limitations en termes de personnalisation et de performances

- **Approche hybride :** Combinaison de composants existants et de développements spécifiques

  - *Avantages :* Bon équilibre entre personnalisation et efficacité
  - *Inconvénients :* Complexité d'intégration, risque de dette technique

**Exemple concret :**

Pour son système de recommandation, l'entreprise de e-commerce a choisi une approche hybride :

- Utilisation de la bibliothèque open source LightFM comme base algorithmique
- Développement de composants spécifiques pour l'intégration des données propriétaires
- Création d'une couche business rules pour ajuster les recommandations selon les contraintes métier
- Développement d'une interface d'administration pour les équipes marketing

Cette approche a permis de réduire le temps de développement de 60% par rapport à une solution entièrement sur mesure, tout en conservant la flexibilité nécessaire pour intégrer la logique business spécifique.

# Options d'externalisation

Si vous choisissez d'externaliser, plusieurs modèles s'offrent à vous.

**Modèles d'externalisation :**

- Solutions SaaS (Software as a Service) : Applications IA prêtes à l'emploi

    - *Avantages :* Déploiement rapide, coût prévisible, peu de maintenance
    - *Inconvénients :* Personnalisation limitée, dépendance au fournisseur

- PaaS (Platform as a Service) : Plateformes de développement IA

    - *Avantages :* Accélération du développement, infrastructure gérée
    - *Inconvénients :* Compétences techniques encore nécessaires, lock-in potentiel

- **APIs d'IA :** Services spécialisés accessibles via API (vision, langage, etc.)

    - *Avantages :* Fonctionnalités avancées sans expertise interne, pay-per-use
    - *Inconvénients :* Contrôle limité, coûts variables, dépendance

- **Consultants et intégrateurs :** Développement sur mesure par des experts externes

    - *Avantages :* Expertise spécialisée, solution adaptée à vos besoins
    - *Inconvénients :* Coût élevé, transfert de connaissances à gérer

**Exemple concret :**

Pour son chatbot service client, l'entreprise de e-commerce a opté pour une solution SaaS spécialisée :

- Plateforme de chatbot avec capacités NLP pré-entraînées
- Personnalisation via une interface visuelle pour les flux de conversation
- Intégration avec leur CRM et leur base de connaissances existante
- Modèle de pricing basé sur le volume de conversations

Cette approche a permis un déploiement en 6 semaines (contre 6-9 mois estimés pour un développement interne) avec un taux de résolution automatique de 65% dès le premier mois.

# Évaluer les solutions du marché et les prestataires

Face à la multitude d'offres disponibles, comment faire les bons choix ?

## Cartographie de l'écosystème IA

Avant de sélectionner des solutions ou partenaires spécifiques, il est utile de comprendre la structure de l'écosystème IA.

**Catégories de fournisseurs :**

- **Hyperscalers :** AWS, Google Cloud, Microsoft Azure, etc.

    - *Offre :* Services IA complets, infrastructure, plateformes de développement
    - *Forces :* Écosystème complet, scalabilité, intégration
    - *Faiblesses :* Personnalisation limitée, potentiel lock-in

- Éditeurs de logiciels spécialisés IA : DataRobot, H2O.ai, Data-Iku, etc.

  - *Offre :* Plateformes end-to-end de data science et ML
  - *Forces :* Focus IA, fonctionnalités avancées, facilité d'utilisation
  - *Faiblesses :* Coût, intégration avec systèmes existants

- **Fournisseurs de solutions verticales :** Spécialistes sectoriels avec IA intégrée

  - *Offre :* Solutions métier enrichies d'IA pour des secteurs spécifiques
  - *Forces :* Connaissance métier, intégration native, time-to-value
  - *Faiblesses :* Flexibilité limitée, dépendance

- **Startups IA :** Jeunes entreprises innovantes sur des niches spécifiques

  - *Offre :* Solutions innovantes sur des cas d'usage précis
  - *Forces :* Innovation, agilité, expertise pointue
  - *Faiblesses :* Pérennité, support, scalabilité

- **Intégrateurs et consultants :** SSII, cabinets de conseil, etc.

  - *Offre :* Services d'intégration, développement sur mesure, conseil
  - *Forces :* Adaptation aux besoins, accompagnement global
  - *Faiblesses :* Coût, dépendance, variabilité de l'expertise

**Exemple concret :**

Un groupe bancaire a cartographié l'écosystème IA pertinent pour ses besoins :

- Services cloud IA : AWS SageMaker, Azure ML, Google AI Platform
- Plateformes spécialisées : DataRobot, H2O.ai, Dataiku
- Solutions verticales : Fournisseurs de solutions anti-fraude, KYC, risque crédit
- Startups prometteuses : 5 startups en NLP, 3 en computer vision, 4 en analytics
- Intégrateurs avec expertise IA : 3 grands cabinets, 4 SSII spécialisées

Cette cartographie a servi de base à sa stratégie de sourcing IA, permettant des choix éclairés selon les besoins spécifiques de chaque projet.

## Critères d'évaluation des solutions

Pour comparer objectivement différentes solutions, établissez une grille d'évaluation structurée.

**Critères techniques :**

- **Performance :** Précision, vitesse, scalabilité
- **Maturité :** Stade de développement, stabilité, historique
- **Flexibilité :** Personnalisation, extensibilité, API
- **Interopérabilité :** Intégration avec vos systèmes existants
- **Sécurité :** Protection des données, conformité, audit

**Critères business :**

- **Coût total :** Licence, implémentation, maintenance, formation
- **Time-to-value :** Délai avant premiers bénéfices
- **Support :** Qualité, disponibilité, SLAs
- **Roadmap :** Évolution future, alignement avec vos besoins
- **Références :** Clients similaires, retours d'expérience

**Critères organisationnels :**

- **Facilité d'utilisation :** Courbe d'apprentissage, ergonomie
- **Compétences requises :** Expertise nécessaire pour l'utilisation
- **Gouvernance :** Monitoring, explicabilité, contrôle
- **Adoption :** Acceptabilité par les utilisateurs finaux
- Transfert de connaissances : Formation, documentation

**Exemple concret :**

Pour choisir sa plateforme de data science, une compagnie d'assurance a créé une grille d'évaluation pondérée :

- Performance des modèles (15%)
- Facilité d'utilisation pour data scientists (15%)
- Accessibilité pour utilisateurs métier (15%)
- Intégration avec l'écosystème existant (15%)
- Gouvernance et MLOps (10%)
- Coût total sur 3 ans (10%)
- Support et communauté (10%)
- Sécurité et conformité (10%)

Trois solutions ont été évaluées en profondeur via des POCs, des démonstrations et des visites de référence. La solution retenue n'était pas la plus performante techniquement, mais offrait le meilleur équilibre entre tous les critères, notamment l'adoption par les équipes métier.

## Diligence des partenaires

Au-delà de la solution elle-même, évaluez soigneusement les fournisseurs et partenaires potentiels.

**Éléments à vérifier :**

- **Santé financière :** Stabilité, financement, modèle économique viable

- **Expertise :** Compétences réelles vs. marketing, équipe technique
- **Track record :** Historique de projets similaires, références vérifiables
- **Culture :** Compatibilité culturelle, méthodes de travail
- **Propriété intellectuelle :** Clarté des droits sur les modèles et données
- **Continuité :** Plan B en cas de défaillance du partenaire
- **Évolutivité :** Capacité à grandir avec vos besoins

## Techniques de due diligence :

- Visites de référence chez des clients existants
- Entretiens avec l'équipe technique (pas seulement commerciale)
- Vérification des certifications et partenariats
- Mini-projet test avant engagement majeur
- Analyse des conditions contractuelles (notamment propriété intellectuelle)
- Évaluation de la documentation technique et du support

## Exemple concret :

Une entreprise industrielle souhaitait s'associer à une startup spécialisée en maintenance prédictive. Avant de s'engager, elle a :

- Visité deux clients existants pour observer la solution en conditions réelles
- Organisé une journée technique avec l'équipe data science de la startup
- Vérifié la situation financière (dernière levée de fonds, burn rate, pipeline commercial)
- Négocié un projet pilote de 3 mois sur un périmètre limité
- Inclus des clauses de transfert de connaissances et d'accès aux modèles dans le contrat
- Préparé un plan de continuité en cas de défaillance de la startup

Cette due diligence approfondie a permis d'identifier et d'atténuer plusieurs risques avant le démarrage du partenariat.

# Intégrer l'IA dans votre écosystème technologique existant

L'IA ne fonctionne pas en isolation. Son intégration dans votre paysage technologique existant est cruciale pour en tirer pleinement parti.

## Architecture d'intégration

Plusieurs modèles d'architecture peuvent faciliter l'intégration de l'IA dans vos systèmes.

**Approches architecturales :**

- **Architecture en couches :** Séparation claire entre données, modèles IA et applications

    - *Avantages :* Modularité, réutilisation, gouvernance
    - *Inconvénients :* Complexité, latence potentielle

- **Architecture microservices :** Capacités IA exposées comme services indépendants

    - *Avantages :* Agilité, scalabilité, déploiement indépendant
    - *Inconvénients :* Orchestration complexe, cohérence des données

- **Architecture événementielle :** Systèmes IA réagissant à des événements business

    - *Avantages :* Réactivité, découplage, extensibilité
    - *Inconvénients :* Complexité de debugging, garantie de traitement

- **Architecture hybride :** Combinaison d'approches selon les besoins

  - *Avantages :* Flexibilité, adaptation aux contraintes existantes
  - *Inconvénients :* Cohérence, gouvernance plus complexe

**Exemple concret :**

Une banque a adopté une architecture hybride pour ses systèmes IA :

- Couche data centralisée (data lake) alimentant tous les modèles
- Capacités IA core exposées comme microservices (scoring crédit, détection fraude, etc.)
- Architecture événementielle pour les cas temps réel (alertes fraude, opportunités commerciales)
- Intégration via API Gateway centralisée avec gouvernance unifiée
- Déploiement hybride (cloud pour développement, on-premise pour production)

Cette architecture a permis de concilier l'agilité nécessaire à l'innovation IA avec les contraintes de sécurité et de conformité du secteur bancaire.

## Défis d'intégration courants

L'intégration de l'IA dans des systèmes existants présente des défis spécifiques.

**Défis typiques et solutions :**

- **Systèmes legacy :** Anciens systèmes difficiles à connecter aux plateformes IA modernes

- *Solution :* Couche d'abstraction, APIs adaptatives, approche progressive

- **Silos de données :** Données dispersées dans différents systèmes non connectés

  - *Solution :* Data virtualization, data fabric, approche fédérée

- **Performance temps réel :** Besoin de décisions IA rapides malgré des systèmes lents

  - *Solution :* Edge computing, pré-calcul, optimisation des modèles

- **Cohérence multi-canal :** Maintenir une expérience IA cohérente à travers différents canaux

  - *Solution :* Orchestration centralisée, API unifiée, modèles partagés

- **Gouvernance hybride :** Gérer des modèles IA déployés dans des environnements hétérogènes

  - *Solution :* Plateforme MLOps unifiée, standards de déploiement, monitoring centralisé

**Exemple concret :**

Un détaillant omnicanal a relevé plusieurs défis d'intégration pour son système de personnalisation IA :

- Connexion à un système de caisse vieux de 15 ans via une couche d'abstraction dédiée
- Unification des données client fragmentées via une plateforme Customer Data Platform
- Déploiement de modèles légers en magasin pour les recommandations temps réel

- Orchestration centralisée assurant une expérience cohérente web/mobile/magasin
- Plateforme MLOps unique gérant les modèles cloud et edge

Ces solutions ont permis de créer une expérience client personnalisée fluide malgré un paysage technologique complexe et hétérogène.

## MLOps : industrialiser le cycle de vie des modèles

Pour passer de l'expérimentation à l'industrialisation, les pratiques MLOps sont essentielles.

### Composantes clés du MLOps :

- **Versioning :** Gestion des versions des données, code et modèles
- **CI/CD pour l'IA :** Automatisation du build, test et déploiement des modèles
- **Monitoring :** Surveillance des performances et de la dérive des modèles
- **Gouvernance :** Traçabilité, audit, conformité des modèles
- **Reproductibilité :** Capacité à recréer exactement les conditions d'entraînement
- **Scalabilité :** Gestion efficace des ressources de calcul
- **Collaboration :** Outils facilitant le travail entre data scientists et IT

### Exemple concret :

Une entreprise de services financiers a mis en place une plateforme MLOps complète :

- Versioning unifié des données, code et modèles avec DVC et Git
- Pipeline CI/CD automatisant tests, validation et déploiement des modèles

- Monitoring en production avec alertes sur la dérive des données et des performances
- Tableau de bord de gouvernance avec lignage complet des modèles
- Environnements reproductibles via conteneurisation
- Scaling automatique des ressources de calcul selon les besoins
- Interface collaborative pour data scientists et ingénieurs

Cette plateforme a réduit le temps de mise en production des modèles de 45 jours à 3 jours en moyenne, tout en améliorant significativement leur fiabilité et leur gouvernance.

# Piloter efficacement vos projets IA

Les projets IA présentent des spécificités qui nécessitent des approches de gestion adaptées.

## Particularités des projets IA

Les projets IA diffèrent des projets IT traditionnels sur plusieurs aspects.

**Spécificités à prendre en compte :**

- **Incertitude intrinsèque :** Les résultats exacts ne peuvent être garantis à l'avance
- **Dépendance aux données :** La qualité et disponibilité des données sont critiques
- **Nature expérimentale :** Nécessité d'itérations et d'ajustements constants
- **Équipes multidisciplinaires :** Collaboration entre profils très différents
- **Évaluation complexe :** Métriques techniques vs. valeur business
- **Déploiement progressif :** Besoin de validation en conditions réelles

- **Maintenance évolutive :** Les modèles se dégradent avec le temps

**Exemple concret :**

Un projet de prévision de maintenance dans une usine illustre ces particularités :

- Incertitude sur la précision atteignable avant l'analyse des données réelles
- Découverte tardive de problèmes de qualité dans les données de capteurs
- Multiples itérations nécessaires pour affiner les features et hyperparamètres
- Équipe mixte ingénieurs maintenance, data scientists et IT avec vocabulaires différents
- Difficulté à traduire la précision du modèle en économies financières concrètes
- Déploiement progressif sur des machines non-critiques avant généralisation
- Dérive du modèle après 6 mois due à des modifications non documentées des capteurs

Ces défis ont nécessité une approche de gestion de projet spécifique, différente des méthodes IT classiques.

## Méthodologies adaptées aux projets IA

Face à ces spécificités, certaines approches de gestion de projet sont particulièrement adaptées.

**Méthodologies recommandées :**

- **Approche agile adaptée :** Sprints courts, feedback continu, MVP

  - *Particularités IA :* Définition de "done" flexible, sprints d'exploration

- **Développement guidé par la valeur :** Focus sur l'impact business à chaque étape

  - *Particularités IA :* Validation précoce des hypothèses, métriques business claires

- **Approche expérimentale structurée :** Cadre rigoureux pour les expérimentations

  - *Particularités IA :* Documentation systématique, reproductibilité, A/B testing

- **Gestion des risques proactive :** Identification et mitigation continues des risques

  - *Particularités IA :* Attention particulière aux biais, dérives, explicabilité

**Exemple concret :**

Une compagnie d'assurance a adopté une méthodologie hybride pour ses projets IA :

- Phases d'exploration avec timeboxing strict (2-4 semaines) pour valider la faisabilité
- Sprints de développement de 2 semaines avec démos aux stakeholders métier
- Définition systématique de métriques business et techniques pour chaque sprint
- Cadre expérimental rigoureux avec journalisation automatique des expériences
- Revues de risques bi-hebdomadaires avec focus sur éthique et explicabilité
- Déploiement progressif avec périodes de shadow mode avant mise en production

Cette approche a permis d'augmenter significativement le taux de succès des projets IA, passant de 35% à 72% en 18 mois.

## Rôles clés dans les projets IA

La réussite des projets IA repose sur une collaboration efficace entre différents rôles.

**Rôles essentiels :**

- **Sponsor métier :** Porte la vision business et garantit l'alignement stratégique
- **Product Owner IA :** Définit les fonctionnalités et priorise le backlog
- **Data Scientist :** Développe les modèles et algorithmes
- **Data Engineer :** Prépare et transforme les données
- **ML Engineer :** Industrialise et déploie les modèles
- **Subject Matter Expert :** Apporte l'expertise métier et contextuelle
- **UX Designer :** Conçoit l'expérience utilisateur intégrant l'IA
- **Chef de projet IA :** Coordonne l'ensemble et gère les interdépendances

**Exemple concret :**

Un projet de détection de fraude dans une banque a impliqué une équipe structurée :

- Sponsor : Directeur des risques, garantissant les ressources et l'alignement stratégique
- Product Owner : Manager de l'équipe anti-fraude, définissant les priorités et critères d'acceptation
- Data Scientists (2) : Développant les algorithmes de détection
- Data Engineer : Construisant les pipelines de données depuis 12 sources différentes
- ML Engineer : Assurant le déploiement et monitoring des modèles

- Experts fraude (3) : Fournissant expertise, validation et feedback continu
- UX Designer : Concevant l'interface pour les analystes fraude
- Chef de projet IA : Orchestrant l'ensemble et gérant les dépendances avec d'autres projets

Cette structure claire des rôles, avec des responsabilités bien définies, a été un facteur clé de succès du projet.

# Cas pratique : Grille d'évaluation des solutions et partenaires

Comment mettre en pratique ces principes dans un cas concret ? Voici un exemple détaillé.

## Contexte

Une entreprise de taille moyenne dans le secteur de la santé souhaite mettre en place une solution d'IA pour l'analyse d'imagerie médicale. Après avoir défini ses besoins et sa stratégie, elle doit choisir entre plusieurs approches et fournisseurs.

## Approche en 4 étapes

### Étape 1 : Définition des critères d'évaluation

L'entreprise a défini une grille d'évaluation pondérée avec les critères suivants :

**Critères techniques (40%) :**

- Performance diagnostique (précision, sensibilité, spécificité) : 15%
- Temps de traitement par image : 5%
- Capacité à traiter différentes modalités d'imagerie : 5%
- Intégration avec le PACS existant : 10%

- Sécurité et conformité (HIPAA, RGPD) : 5%

## Critères business (30%) :

- Coût total sur 5 ans : 10%
- Modèle économique (par image, forfait, etc.) : 5%
- Support et formation : 5%
- Roadmap d'évolution : 5%
- Références dans le secteur de la santé : 5%

## Critères organisationnels (30%) :

- Facilité d'utilisation pour les radiologues : 10%
- Impact sur les workflows existants : 5%
- Explicabilité des résultats : 5%
- Personnalisation possible : 5%
- Transfert de connaissances : 5%

## Étape 2 : Identification des options

Trois approches principales ont été identifiées :
1. **Solution SaaS spécialisée :** Plateforme cloud dédiée à l'analyse d'imagerie médicale
2. **Développement sur mesure :** Partenariat avec une université locale pour créer une solution propriétaire
3. **Plateforme générique + personnalisation :** Utilisation d'une plateforme IA générique avec adaptation au cas spécifique

Pour chaque approche, 2-3 fournisseurs ou partenaires potentiels ont été identifiés.

## Étape 3 : Évaluation approfondie

Pour chaque option, l'entreprise a mené une évaluation rigoureuse :

- Démonstrations détaillées avec des cas réels anonymisés
- Tests de performance sur un échantillon d'images représentatif
- Visites de référence chez des établissements similaires

- Ateliers d'intégration avec l'équipe IT interne
- Sessions d'utilisation avec les radiologues
- Analyse détaillée des contrats et conditions
- Due diligence sur la santé financière et la pérennité des fournisseurs

## Étape 4 : Décision et mise en œuvre

Après évaluation, la solution SaaS spécialisée a obtenu le meilleur score global (82/100), notamment grâce à :

- Performances supérieures sur les cas cliniques testés
- Intégration native avec le PACS utilisé par l'établissement
- Interface particulièrement appréciée par les radiologues
- Références solides dans des établissements similaires
- Modèle économique flexible évoluant avec l'usage

L'entreprise a négocié un contrat incluant :

- Une phase pilote de 3 mois sur un département avant déploiement complet
- Des SLAs précis sur les performances et la disponibilité
- Un programme de formation complet pour les utilisateurs
- Des clauses de sortie avec export des données et annotations
- Un comité d'amélioration continue avec le fournisseur

## Résultats et leçons apprises

Six mois après le déploiement, les résultats sont positifs :

- Réduction de 22% du temps d'analyse par cas
- Détection de 8% de pathologies subtiles supplémentaires
- Satisfaction élevée des radiologues (8,7/10)
- ROI positif atteint plus rapidement que prévu

Les principales leçons apprises :

- L'implication précoce des utilisateurs finaux (radiologues) a été déterminante
- Les tests sur des données réelles ont révélé des différences significatives non visibles dans les démonstrations standard
- L'intégration technique s'est avérée plus complexe que prévu malgré la compatibilité annoncée
- La formation continue et le support sont aussi importants que la qualité initiale de la solution

## Conclusion : Vers un écosystème IA cohérent et évolutif

Ce chapitre vous a présenté les différentes facettes du choix des solutions et partenaires IA : make or buy, évaluation des options, intégration et pilotage des projets.

Retenez ces points essentiels :

1. **Pas de solution universelle :** La décision make or buy doit être prise au cas par cas, selon des critères stratégiques et pratiques
2. **Évaluation multidimensionnelle :** Les critères techniques ne sont qu'une partie de l'équation ; les aspects business et organisationnels sont tout aussi importants
3. **L'intégration est critique :** La valeur de l'IA se réalise pleinement lorsqu'elle est bien intégrée dans votre écosystème existant
4. **MLOps pour l'industrialisation :** Le passage de l'expérimentation à la production nécessite une approche structurée du cycle de vie des modèles
5. **Gestion de projet adaptée :** Les projets IA requièrent des méthodologies spécifiques tenant compte de leur nature expérimentale et itérative

L'objectif n'est pas de choisir la solution IA la plus avancée techniquement, mais celle qui s'intègre le mieux dans votre contexte et crée le plus de valeur pour votre organisation.

Dans le prochain chapitre, nous aborderons comment mesurer le succès de vos initiatives IA et calculer leur retour sur investissement.

# Chapitre 8

## Mesurer le succès et le ROI de vos initiatives IA

Comment savoir si vos investissements en IA portent leurs fruits ? Comment justifier les budgets alloués et prioriser les futures initiatives ? Ce chapitre vous guidera dans la définition et la mesure des indicateurs de performance pertinents pour vos projets IA, le calcul du retour sur investissement, et la communication efficace des résultats aux parties prenantes.

## Définir les indicateurs de performance pertinents

La première étape consiste à définir clairement ce que signifie "succès" pour vos initiatives IA.

### Aligner métriques techniques et objectifs business

L'un des défis majeurs est de faire le lien entre les métriques techniques des modèles IA et les objectifs business de l'organisation.

**Niveaux de métriques :**

- **Métriques techniques :** Évaluent la performance des modèles IA eux-mêmes

  - *Exemples :* Précision, rappel, F1-score, RMSE, MAE, AUC-ROC
  - *Limites :* Ne traduisent pas directement la valeur business

- **Métriques opérationnelles :** Mesurent l'impact sur les processus

  - *Exemples :* Temps de traitement, taux d'automatisation, réduction des erreurs
  - *Avantages :* Plus proches des réalités métier, mais encore intermédiaires

- **Métriques business :** Évaluent l'impact final sur les objectifs de l'entreprise

  - *Exemples :* Augmentation du chiffre d'affaires, réduction des coûts, satisfaction client
  - *Avantages :* Directement liées à la valeur créée, mais attribution parfois difficile

**Cadre d'alignement :**

Pour chaque initiative IA, définissez une chaîne de valeur claire :

1. Métriques techniques → 2. Métriques opérationnelles → 3. Métriques business

**Exemple concret :**

Une banque a déployé un système IA de détection de fraude avec cette chaîne de métriques :

**Métriques techniques :**

- Précision du modèle : 92%
- Taux de faux positifs : 3%
- Taux de faux négatifs : 5%

**Métriques opérationnelles :**

- Réduction du temps d'analyse par alerte : -65%
- Augmentation du nombre d'alertes traitées par analyste : +140%
- Réduction du délai de détection des fraudes : -72%

**Métriques business :**

- Réduction des pertes dues à la fraude : -23% (-3,2M€/an)
- Amélioration de l'expérience client (moins de blocages injustifiés) : +15 points NPS
- Réduction des coûts opérationnels de l'équipe fraude : -18% (-850K€/an)

Cette chaîne claire a permis de démontrer comment la performance technique se traduisait en valeur business concrète.

## Définir un tableau de bord équilibré

Un tableau de bord efficace doit couvrir différentes dimensions de la performance.

**Dimensions à considérer :**

- **Performance :** Efficacité des modèles et systèmes IA
- **Utilisation :** Adoption et usage par les utilisateurs cibles
- **Efficience :** Ressources consommées vs. valeur produite
- **Qualité :** Fiabilité, précision, robustesse

- **Impact :** Effets sur les objectifs stratégiques
- **Risques :** Problèmes potentiels ou émergents

## Structure recommandée :

Pour chaque dimension, définissez :

- 2-3 KPIs principaux (indicateurs clés)
- Métriques secondaires de diagnostic
- Seuils d'alerte et objectifs cibles
- Tendances et comparaisons

## Exemple concret :

Une entreprise de e-commerce a créé un tableau de bord équilibré pour son système de recommandation produit :

## Performance :

- KPI principal : Taux de conversion des recommandations (+32%)
- Métriques secondaires : CTR, taux d'ajout au panier, diversité des recommandations

## Utilisation :

- KPI principal : % de sessions avec interaction recommandations (68%)
- Métriques secondaires : profondeur d'interaction, segments utilisateurs actifs

## Efficience :

- KPI principal : Coût par recommandation convertie (0,12€)
- Métriques secondaires : temps de calcul, utilisation des ressources
-

**Qualité :**

- KPI principal : Pertinence perçue (sondage utilisateurs : 4,2/5)
- Métriques secondaires : taux de retours, feedback négatif

**Impact :**

- KPI principal : Augmentation du panier moyen attribuable (+14%)
- Métriques secondaires : impact sur LTV, découverte de nouvelles categories

**Risques :**

- KPI principal : Diversité des recommandations (indice 0,78)
- Métriques secondaires : biais démographiques, concentration sur bestsellers

Ce tableau de bord complet permet de suivre non seulement la performance technique, mais aussi l'impact business et les risques potentiels.

## Métriques spécifiques par type d'IA

Différents types d'applications IA nécessitent des métriques spécifiques.

**IA prédictive :**

- Précision des prévisions (RMSE, MAE)
- Valeur business des prédictions correctes
- Coût des erreurs de prédiction
- Horizon temporel fiable

**IA conversationnelle :**

- Taux de compréhension correcte
- Taux de résolution au premier contact

- Satisfaction utilisateur
- Réduction du volume vers canaux traditionnels

**IA de recommandation :**

- Taux de conversion des recommandations
- Diversité et pertinence
- Augmentation du panier moyen
- Découverte de nouveaux produits

**IA d'optimisation :**

- Gains d'efficacité mesurés
- Réduction des ressources consommées
- Amélioration des délais
- Robustesse aux perturbations

**Exemple concret :**

Un hôpital utilisant l'IA pour l'optimisation des plannings a défini ces métriques spécifiques :

- Réduction du temps de création des plannings : -85%
- Amélioration de l'équilibre charge de travail : -42% d'écart-type
- Satisfaction du personnel soignant : +23 points
- Respect des contraintes réglementaires : 100%
- Adaptabilité aux situations d'urgence : temps de replanification -90%
- Réduction des heures supplémentaires : -18%

Ces métriques spécifiques capturent précisément la valeur créée par ce type particulier d'IA d'optimisation.

# Calculer le retour sur investissement

Au-delà des indicateurs de performance, le calcul du ROI permet de quantifier la valeur financière créée par vos initiatives IA.

# Identifier tous les coûts

Un calcul de ROI précis nécessite une identification exhaustive des coûts.

**Catégories de coûts :**

- Coûts directs :

    - Licences logicielles et abonnements
    - Infrastructure (cloud, serveurs, stockage)
    - Développement et personnalisation
    - Intégration avec les systèmes existants

- Coûts indirects :

    - Formation et montée en compétence
    - Gestion du changement
    - Support et maintenance
    - Gouvernance et conformité

- Coûts cachés :

    - Dette technique créée
    - Temps des experts métier
    - Impact sur les systèmes existants
    - Risques et remédiation

**Exemple concret :**

Pour son système de maintenance prédictive, un industriel a identifié ces coûts sur 3 ans :

**Coûts directs :**

- Plateforme IA : 450K€
- Infrastructure cloud : 180K€
- Développement spécifique : 320K€

- Capteurs supplémentaires : 250K€

**Coûts indirects :**

- Formation des techniciens : 120K€
- Adaptation des processus : 80K€
- Support et maintenance : 210K€
- Gouvernance des modèles : 90K€

**Coûts cachés :**

- Temps des experts maintenance : 150K€
- Perturbation production pendant installation : 70K€
- Intégration systèmes legacy : 130K€

**Total sur 3 ans : 2,05M€**

Cette analyse exhaustive a permis d'éviter la sous-estimation fréquente des coûts totaux des projets IA.

# Quantifier les bénéfices

La quantification des bénéfices est souvent plus délicate que celle des coûts.

**Types de bénéfices :**

- Bénéfices directs :

    - Réduction des coûts opérationnels
    - Augmentation des revenus
    - Amélioration de la productivité
    - Réduction des pertes et gaspillages

- Bénéfices indirects :

    - Amélioration de la satisfaction client
    - Réduction des risques

- Accélération time-to-market
- Libération de ressources pour tâches à valeur ajoutée

- Bénéfices stratégiques :

  - Avantage concurrentiel
  - Nouvelles capacités
  - Agilité organisationnelle
  - Innovation accélérée

## Méthodes de quantification :

- **Comparaison avant/après :** Mesure directe de l'évolution des indicateurs
- **Test A/B :** Comparaison simultanée avec et sans IA
- **Modélisation :** Simulation de l'impact basée sur des hypothèses validées
- **Benchmarking :** Comparaison avec des cas similaires documentés

## Exemple concret :

Reprenant l'exemple du système de maintenance prédictive, l'industriel a quantifié ces bénéfices :

## Bénéfices directs :

- Réduction des pannes non planifiées : 1,8M€/an
- Optimisation des pièces détachées : 420K€/an
- Allongement durée de vie équipements : 650K€/an
- Réduction coûts maintenance préventive : 380K€/an

## Bénéfices indirects :

- Amélioration qualité production : 290K€/an
- Réduction risques sécurité : 150K€/an (primes assurance)
- Optimisation planning maintenance : 210K€/an

**Bénéfices stratégiques :**

- Valorisés partiellement : capacité à prendre des contrats avec SLA plus exigeants : 500K€/na

**Total bénéfices annuels : 4,4M€**

Cette quantification rigoureuse, basée sur des tests pilotes et une modélisation validée, a permis de justifier solidement l'investissement.

# Modèles de calcul du ROI

Plusieurs approches permettent de calculer le retour sur investissement des initiatives IA.

**Métriques financières courantes :**

- **ROI simple :** (Bénéfices totaux - Coûts totaux) / Coûts totaux
- **Délai de récupération :** Temps nécessaire pour que les bénéfices cumulés égalent l'investissement initial
- **VAN (Valeur Actuelle Nette) :** Valeur actualisée des flux futurs moins l'investissement initial
- **TRI (Taux de Rendement Interne) :** Taux d'actualisation qui annule la VAN
- **TCO (Coût Total de Possession) :** Ensemble des coûts directs et indirects sur la durée de vie

**Considérations spécifiques à l'IA :**

- **Horizon temporel :** Les bénéfices de l'IA augmentent souvent avec le temps (apprentissage)
- **Scénarios multiples :** Incertitude plus grande nécessitant plusieurs scénarios
- **Bénéfices non-financiers :** Nécessité de valoriser des impacts qualitatifs
- **Coûts d'opportunité :** Importance de considérer le "coût de ne rien faire"

**Exemple concret :**

Pour le système de maintenance prédictive, l'industriel a calculé :

**ROI simple sur 3 ans :**

- Bénéfices sur 3 ans : 13,2M€
- Coûts sur 3 ans : 2,05M€
- ROI = (13,2 - 2,05) / 2,05 = 544%

**Délai de récupération :**

- Investissement initial : 1,2M€
- Bénéfices annuels : 4,4M€
- Délai = 1,2 / 4,4 = 0,27 an (environ 3,3 mois)

**VAN (taux d'actualisation 8%) :**

- VAN = 9,7M€

**TRI :**

- TRI = 158%

Ces différentes métriques ont permis de présenter un business case solide sous plusieurs angles, adaptés aux préférences des différentes parties prenantes (CFO, COO, CEO).

## Communiquer les résultats aux parties prenantes

Une fois les résultats mesurés, leur communication efficace est essentielle pour maintenir le soutien aux initiatives IA.

# Adapter la communication aux audiences

Différentes parties prenantes ont des préoccupations et langages différents.

**Principales audiences et leurs attentes :**

- Direction générale :

  - Impact sur les objectifs stratégiques
  - ROI et métriques financières
  - Avantage concurrentiel
  - Risques majeurs

- Directions métiers :

  - Impact sur leurs KPIs spécifiques
  - Amélioration des processus
  - Expérience utilisateur
  - Ressources requises

- Équipes opérationnelles :
  -

  - Changements concrets dans leur travail quotidien
  - Formation et support
  - Fiabilité et performance
  - Feedback et amélioration continue

- Équipes techniques :

  - Performance technique des modèles
  - Scalabilité et robustesse
  - Dette technique
  - Évolution et maintenance

**Exemple concret :**

Une compagnie d'assurance a créé différents formats de communication pour son système IA d'évaluation des sinistres :

**Pour le comité exécutif :**

- Dashboard trimestriel d'une page avec KPIs financiers
- ROI et impact sur les objectifs stratégiques
- Comparaison avec la concurrence
- Risques majeurs et mitigation

**Pour les directeurs métiers :**

- Rapport mensuel détaillant l'impact sur leurs processus
- Évolution des KPIs métier (délai traitement, satisfaction client, etc.)
- Ressources consommées vs. planifiées
- Prochaines étapes et améliorations

**Pour les gestionnaires sinistres :**

- Newsletter bi-hebdomadaire avec conseils pratiques
- Histoires de succès et leçons apprises
- Canal de feedback et réponses aux questions fréquentes
- Formations et ressources disponibles

**Pour l'équipe technique :**

- Dashboard technique en temps réel
- Revues de performance hebdomadaires
- Suivi des incidents et résolutions
- Roadmap technique et dette

Cette communication différenciée a significativement amélioré l'adoption et le soutien au projet à tous les niveaux.

# Visualiser l'impact

La visualisation des données est particulièrement importante pour communiquer efficacement l'impact de l'IA.

## Principes de visualisation efficace :

- **Simplicité :** Focus sur les messages clés, éviter la surcharge
- **Contexte :** Toujours fournir des points de comparaison pertinents
- **Narration :** Raconter une histoire cohérente avec les données
- **Interactivité :** Permettre l'exploration pour répondre aux questions spécifiques
- **Honnêteté :** Présenter les limites et incertitudes, pas seulement les succès

## Types de visualisations utiles :

- **Avant/après :** Comparaison visuelle directe des métriques clés
- **Évolution temporelle :** Tendances depuis le déploiement
- **Décomposition de l'impact :** Contribution des différents facteurs
- **Cartes de chaleur :** Visualisation de l'impact par segment, région, etc.
- **Diagrammes de dispersion :** Relations entre métriques techniques et business

## Exemple concret :

Un détaillant a créé un tableau de bord d'impact pour son système de prévision de demande IA :

- **Vue principale :** Graphique avant/après montrant la réduction des ruptures de stock (-42%) et des surstocks (-38%)
- **Carte de chaleur :** Impact par catégorie de produit et par magasin

- **Ligne temporelle :** Évolution de la précision des prévisions et des KPIs business
- **Décomposition :** Contribution des différentes améliorations (saisonnalité, promotions, météo, etc.)
- **Simulateur :** Outil permettant d'estimer l'impact de différents scénarios

Ce tableau de bord interactif a permis aux dirigeants de comprendre intuitivement la valeur créée et d'identifier les opportunités d'expansion du système.

## Ajuster la stratégie en fonction des résultats

La mesure n'est pas une fin en soi, mais un outil pour améliorer continuellement votre approche IA.

**Processus d'amélioration continue :**

1. **Analyser les écarts :** Identifier les différences entre résultats attendus et réels
2. **Diagnostiquer les causes :** Comprendre les facteurs sous-jacents
3. **Générer des options :** Développer des alternatives d'amélioration
4. **Prioriser les actions :** Sélectionner les initiatives à plus fort impact
5. **Implémenter les changements :** Mettre en œuvre les améliorations
6. **Mesurer à nouveau :** Vérifier l'efficacité des changements

**Ajustements stratégiques typiques :**

- **Réallocation des ressources :** Renforcer les initiatives performantes, réduire celles qui sous-performent
- **Pivots techniques :** Changer d'approche algorithmique ou technologique
- Expansion ou contraction du périmètre : Ajuster l'ambition selon les résultats

- **Révision des objectifs :** Adapter les attentes en fonction de l'expérience acquise
- **Changements organisationnels :** Modifier les structures ou processus pour maximiser l'impact

## Exemple concret :

Une banque a significativement ajusté sa stratégie IA après 12 mois de mesure des résultats :

## Constats :

- Système de scoring crédit : ROI 3x supérieur aux prévisions
- Chatbot service client : adoption 50% inférieure aux attentes
- Détection fraude : performance technique excellente mais impact business limité
- Analyse des conversations : découverte d'opportunités commerciales non anticipées

## Ajustements stratégiques :

- Accélération et expansion du système de scoring à tous les produits (+50% de budget)
- Refonte complète de l'UX du chatbot après étude utilisateurs approfondie
- Réorientation de la détection fraude vers la prévention proactive
- Création d'une nouvelle initiative d'intelligence commerciale basée sur l'analyse des conversations
- Renforcement de l'équipe MLOps suite aux défis d'industrialisation rencontrés

Ces ajustements, directement issus de la mesure rigoureuse des résultats, ont permis d'augmenter le ROI global du programme IA de 85% l'année suivante.

# Mesurer le succès au-delà du ROI financier

Si le ROI financier est important, d'autres dimensions de valeur doivent également être considérées.

## Impact sur l'expérience client

L'IA peut transformer profondément l'expérience client, créant une valeur qui dépasse les métriques financières immédiates.

### Dimensions à mesurer :

- **Satisfaction :** NPS, CSAT, reviews, feedback qualitatif
- **Effort :** Customer Effort Score, temps de résolution, nombre d'interactions
- **Personnalisation :** Pertinence perçue, sentiment d'être compris
- **Réactivité :** Temps de réponse, disponibilité, proactivité
- **Résolution :** Taux de résolution au premier contact, qualité des solutions

### Méthodes de mesure :

- Enquêtes et sondages ciblés
- Analyse des verbatims et feedback spontané
- Tests utilisateurs et observation
- Analyse des parcours et comportements
- Corrélation avec les métriques de fidélité et LTV

### Exemple concret :

Une compagnie aérienne a mesuré l'impact de son assistant virtuel IA sur l'expérience client :

### Métriques quantitatives :

- Réduction du temps de résolution : -68%

- Augmentation du NPS : +18 points
- Réduction du Customer Effort Score : -42%
- Augmentation du taux de résolution au premier contact : +35%

**Insights qualitatifs :**

- Analyse des verbatims : émergence de termes comme "facile", "rapide", "efficace"
- Feedback spontané : 72% de commentaires positifs vs 23% avant
- Observation : réduction significative des signes de frustration

**Impact business indirect :**

- Augmentation de la fidélité (+8% de réservations répétées)
- Croissance du revenu par client (+12%)
- Réduction du coût d'acquisition (-15% grâce au bouche-à-oreille positif)

Cette analyse holistique a démontré une valeur bien supérieure au simple ROI financier direct.

## Valeur stratégique et innovation

L'IA crée souvent une valeur stratégique à long terme difficile à quantifier immédiatement.

**Dimensions de valeur stratégique :**

- **Agilité organisationnelle :** Capacité à s'adapter rapidement aux changements
- **Différenciation :** Création d'avantages concurrentiels durables
- **Nouvelles capacités :** Possibilités inédites ouvertes par l'IA
- **Apprentissage organisationnel :** Connaissances et compétences acquises
- **Options stratégiques :** Nouvelles voies de développement créées

**Indicateurs de mesure :**

- Brevets et propriété intellectuelle générés
- Nouveaux produits ou services rendus possibles
- Barrières à l'entrée créées
- Réduction du time-to-market pour les innovations
- Attraction de talents et partenaires stratégiques

**Exemple concret :**

Un fabricant de dispositifs médicaux a évalué la valeur stratégique de son programme IA au-delà du ROI direct :

**Valeur d'innovation :**

- 3 brevets déposés sur des algorithmes de diagnostic
- Création d'une nouvelle catégorie de produits "intelligents" à marge supérieure
- Réduction de 40% du cycle de développement produit

**Valeur écosystémique :**

- Partenariats avec 5 hôpitaux universitaires de premier plan
- Attraction de 12 data scientists et ML engineers de haut niveau
- Création d'une communauté de 200+ médecins contributeurs

**Valeur d'option :**

- Capacité d'entrer sur le marché du diagnostic à distance (estimé à 2,3Md€ en 2027)
- Possibilité de monétiser les insights générés via un modèle SaaS
- Fondations pour une plateforme de médecine personnalisée

Cette évaluation a justifié la poursuite d'investissements significatifs malgré un ROI financier immédiat modeste sur certains projets.

# Impact social et environnemental

L'IA peut générer une valeur significative en termes d'impact social et environnemental.

## Dimensions d'impact :

- **Environnemental :** Réduction de l'empreinte carbone, économie de ressources
- **Social :** Amélioration de l'accessibilité, inclusion, bien-être
- **Éthique :** Réduction des biais, équité, transparence
- **Sociétal :** Contribution à des enjeux collectifs (santé, éducation, etc.)

## Méthodes d'évaluation :

- Analyse d'impact environnemental (ACV)
- Audits d'équité et de biais
- Études d'impact social
- Alignement avec les Objectifs de Développement Durable (ODD)
- Valorisation des externalités positives

## Exemple concret :

Une entreprise de logistique a mesuré l'impact social et environnemental de son système d'optimisation de routes basé sur l'IA :

## Impact environnemental :

- Réduction des émissions $CO_2$ : -18% (-12 000 tonnes/an)
- Diminution de la consommation de carburant : -15%
- Réduction de la congestion urbaine : -7% dans les zones desservies

## Impact social :

- Amélioration des conditions de travail des chauffeurs (moins de stress, horaires plus prévisibles)
- Réduction des accidents de la route : -23%
- Meilleure desserte des zones rurales (+15% de couverture)

**Impact sociétal :**

- Partage anonymisé des données de trafic avec les municipalités
- Contribution à 3 ODD (villes durables, action climatique, travail décent)
- Valorisation des externalités positives : 1,7M€/an

Cette évaluation a non seulement renforcé la réputation de l'entreprise, mais a aussi ouvert des opportunités de partenariats public-privé et attiré des investisseurs ESG.

# Cas pratique : Tableau de bord de suivi de vos projets IA

Comment mettre en pratique ces principes dans un cas concret ? Voici un exemple détaillé.

## Contexte

Un groupe industriel a déployé plusieurs initiatives IA dans différentes divisions et souhaite mettre en place un système cohérent de mesure de performance et de ROI.

## Approche en 3 niveaux

L'entreprise a développé une approche de mesure à trois niveaux :

**Niveau 1 : Tableau de bord exécutif**

Destiné au comité exécutif, ce tableau de bord trimestriel présente une vue synthétique :

- Vue d'ensemble du portefeuille :

    - Carte de chaleur des initiatives par division et maturité
    - ROI global et par catégorie d'initiative
    - Tendances clés et alertes

- Métriques financières consolidées :

    - Investissements réalisés vs. planifiés
    - Bénéfices réalisés vs. prévus
    - Projections à 12 et 36 mois

- Impact stratégique :

    - Contribution aux objectifs stratégiques du groupe
    - Avantages concurrentiels créés
    - Nouvelles capacités développées

- Risques et opportunités :

    - Principaux risques identifiés
    - Opportunités émergentes
    - Recommandations d'ajustement stratégique

**Niveau 2 : Tableaux de bord par initiative**

Pour chaque initiative majeure, un tableau de bord mensuel plus détaillé :

- Performance technique :

    - Métriques spécifiques au type d'IA
    - Évolution de la performance dans le temps
    - Comparaison avec les benchmarks

- Impact opérationnel :

  - KPIs métier impactés
  - Adoption par les utilisateurs
  - Feedback qualitatif
- Performance financière :
  - Coûts détaillés vs. budget
  - Bénéfices par catégorie
  - ROI actualisé et projections

- Santé du projet :

  - Risques et problèmes
  - Dépendances et blocages
  - Prochaines étapes clés

## Niveau 3 : Monitoring technique

Pour les équipes techniques, un monitoring continu :

- Performance des modèles :

  - Métriques techniques en temps réel
  - Alertes sur les dérives
  - Logs d'erreurs et incidents

- Utilisation des ressources :

  - Consommation de calcul et stockage
  - Coûts d'infrastructure
  - Optimisations possibles

- Activité utilisateurs :

  - Patterns d'utilisation
  - Points de friction
  - Opportunités d'amélioration

- Qualité des données :

    - Surveillance des sources de données
    - Détection d'anomalies
    - Besoins d'enrichissement

## Mise en œuvre et résultats

Pour implémenter cette approche, l'entreprise a :

1. **Défini un cadre commun :** Taxonomie, métriques standard, méthodologie de calcul du ROI
2. **Développé des outils :** Plateforme de visualisation, connecteurs aux sources de données
3. **Formé les équipes :** Formation des chefs de projet et parties prenantes
4. **Établi une gouvernance :** Processus de revue, responsabilités, cycle de feedback

Après 12 mois d'utilisation, les bénéfices sont significatifs :

- **Meilleure allocation des ressources :** Réorientation de 30% du budget vers les initiatives les plus performantes
- **Accélération de l'adoption :** Identification et résolution des freins, augmentant l'adoption de 45%
- **Amélioration continue :** Cycle vertueux d'optimisation basé sur les données
- **Communication renforcée :** Langage commun et transparence sur les résultats
- **Confiance accrue :** Soutien renforcé de la direction grâce à la visibilité sur la valeur créée

Ce système de mesure est devenu un avantage compétitif en lui-même, permettant à l'entreprise d'apprendre et de s'adapter plus rapidement que ses concurrents.

# Conclusion : La mesure comme moteur d'amélioration continue

Ce chapitre vous a présenté les différentes facettes de la mesure du succès et du ROI de vos initiatives IA : définition des indicateurs pertinents, calcul du retour sur investissement, communication des résultats et considération des impacts au-delà du ROI financier.

Retenez ces points essentiels :

1. **Alignement stratégique :** Les métriques doivent former une chaîne claire des indicateurs techniques aux objectifs business
2. **Vision holistique :** Le ROI financier n'est qu'une dimension de la valeur ; l'expérience client, l'innovation et l'impact social sont tout aussi importants
3. **Transparence et honnêteté :** Une mesure rigoureuse implique de reconnaître les échecs comme les succès
4. **Communication adaptée :** Les résultats doivent être présentés différemment selon les audiences pour maximiser leur impact
5. **Amélioration continue :** La mesure n'est pas une fin en soi, mais un outil pour apprendre et s'améliorer constamment

La capacité à mesurer efficacement le succès de vos initiatives IA deviendra un avantage concurrentiel en soi, vous permettant d'apprendre plus vite, d'allouer vos ressources plus judicieusement et de maximiser la valeur créée par l'IA dans votre organisation.

Dans le prochain chapitre, nous aborderons les défis éthiques et réglementaires liés à l'IA, et comment naviguer ce terrain complexe tout en innovant de manière responsable.

# Chapitre 9

## Naviguer les défis éthiques et réglementaires de l'IA

L'intelligence artificielle offre d'immenses opportunités, mais soulève également des questions éthiques et réglementaires complexes. Ce chapitre vous guidera dans la compréhension de ces enjeux et vous donnera des outils pratiques pour développer et déployer l'IA de manière responsable dans votre entreprise.

## Comprendre les enjeux éthiques de l'IA en entreprise

L'éthique de l'IA n'est pas un sujet abstrait ou philosophique, mais un ensemble de considérations pratiques qui affectent directement votre entreprise.

### Les principaux défis éthiques

Plusieurs défis éthiques se posent régulièrement dans les projets d'IA en entreprise.

**Biais et discrimination :**

Les systèmes d'IA peuvent perpétuer ou amplifier les biais présents dans les données d'entraînement ou dans la conception des algorithmes.

*Exemple concret :* Une entreprise utilisant l'IA pour présélectionner des CV a découvert que son système défavorisait systématiquement les candidatures féminines. L'analyse a révélé que le modèle avait été entraîné sur des données historiques d'embauche où les hommes étaient surreprésentés, créant ainsi un biais algorithmique.

## Transparence et explicabilité :

Les décisions prises par les systèmes d'IA, particulièrement ceux basés sur l'apprentissage profond, peuvent être difficiles à expliquer.

*Exemple concret :* Une banque utilisant un système d'IA pour l'octroi de crédit a été confrontée à des clients demandant pourquoi leur demande avait été refusée. Sans pouvoir fournir d'explications claires, la banque a fait face à une perte de confiance et à des risques réglementaires.

## Vie privée et utilisation des données :

L'IA nécessite souvent de grandes quantités de données, soulevant des questions sur la collecte, le stockage et l'utilisation éthique de ces informations.

*Exemple concret :* Un détaillant analysant les comportements d'achat via l'IA a découvert que son système pouvait déduire des informations sensibles (grossesse, maladie) à partir de changements subtils dans les habitudes d'achat, soulevant des questions de vie privée.

## Autonomie et contrôle humain :

Quel degré d'autonomie accorder aux systèmes IA, et comment maintenir un contrôle humain significatif ?
*Exemple concret :* Une usine automatisant ses chaînes de production avec l'IA a dû déterminer quelles décisions pouvaient être déléguées aux algorithmes et lesquelles nécessitaient une validation humaine, particulièrement pour les situations exceptionnelles ou à haut risque.

## Impact social et économique :

L'IA transforme les emplois et les compétences requises, avec des implications sociales et économiques importantes.

*Exemple concret :* Une entreprise de logistique déployant des systèmes d'optimisation IA a dû gérer l'impact sur ses chauffeurs-livreurs, dont certaines tâches ont été automatisées, nécessitant une reconversion vers des rôles de supervision et service client.

## Pourquoi l'éthique est un impératif business

L'éthique de l'IA n'est pas seulement une question de "faire ce qui est juste" - c'est aussi un impératif business.

### Risques de réputation :

Les incidents éthiques liés à l'IA peuvent causer des dommages significatifs à votre réputation.

*Exemple concret :* Une entreprise technologique a vu sa valeur boursière chuter de 8% après qu'un reportage a révélé des biais raciaux dans son système de reconnaissance faciale, entraînant également l'annulation de plusieurs contrats majeurs.

### Conformité réglementaire :

Les réglementations sur l'IA se multiplient, et la non-conformité peut entraîner des sanctions sévères.

*Exemple concret :* Une entreprise européenne a fait face à une amende de 1,5 million d'euros pour avoir déployé un système de surveillance IA des employés sans évaluation d'impact adéquate, en violation du RGPD.

### Confiance des utilisateurs :

La confiance est essentielle à l'adoption de l'IA, et les préoccupations éthiques peuvent la compromettre.

*Exemple concret :* Un assureur a dû abandonner son système d'IA d'évaluation des sinistres après que seulement 23% des clients aient accepté de l'utiliser, principalement en raison de préoccupations concernant l'équité et la transparence du processus.

**Attraction et rétention des talents :**

Les professionnels talentueux sont de plus en plus attentifs aux pratiques éthiques de leurs employeurs.

*Exemple concret :* Une startup IA a perdu 40% de son équipe technique en six mois après avoir pivoté vers des applications de surveillance considérées comme éthiquement problématiques par ses ingénieurs.

**Avantage concurrentiel durable :**

Une approche éthique de l'IA peut devenir un différenciateur sur le marché.

*Exemple concret :* Une fintech a transformé son engagement pour une IA éthique en avantage marketing, attirant 30% de nouveaux clients spécifiquement grâce à sa promesse de décisions de crédit équitables et explicables.

## Naviguer le paysage réglementaire en évolution

Le cadre réglementaire de l'IA évolue rapidement à travers le monde. Comprendre ces réglementations est essentiel pour déployer l'IA de manière conforme.

## Panorama des réglementations actuelles et émergentes

**Union Européenne :**

- **AI Act :** Premier cadre réglementaire complet au monde spécifiquement dédié à l'IA

    - Approche basée sur les risques (inacceptable, haut risque, risque limité, risque minimal)
    - Exigences strictes pour les systèmes à haut risque (santé, transport, etc.)
    - Obligations de transparence pour certaines applications (chatbots, deepfakes)

- **RGPD :** Implications spécifiques pour l'IA

    - Droit à l'explication pour les décisions automatisées
    - Limitations sur le profilage
    - Exigences de minimisation des données

**États-Unis :**

- **Approche sectorielle :** Réglementations spécifiques par secteur plutôt qu'un cadre unifié

    - Santé : FDA guidelines pour l'IA médicale
    - Finance : Réglementations sur les algorithmes de trading et scoring crédit
    - Emploi : EEOC guidelines sur l'IA dans le recrutement

- Initiatives étatiques :

    - Californie : CCPA/CPRA avec implications pour l'IA
    - Illinois : BIPA pour la biométrie
    - New York : Loi sur l'audit des algorithmes d'embauche

**Autres juridictions notables :**

- **Chine :** Réglementations strictes sur les algorithmes de re-commandation et l'IA générative
- **Canada :** Directive sur la prise de décision automatisée dans le secteur public
- **Singapour :** Model AI Governance Framework, approche volontaire

**Tendances réglementaires globales :**

- Passage d'approches volontaires à des cadres contraignants
- Focus croissant sur l'explicabilité et la transparence
- Exigences d'évaluation d'impact avant déploiement
- Responsabilité humaine pour les décisions algorithmiques

*Exemple concret :* Une entreprise de services financiers opérant dans 12 pays a créé une matrice de conformité IA, cartographiant les exigences spécifiques de chaque juridiction. Cette approche lui a permis d'identifier un "dénominateur commun" de pratiques conformes dans toutes les régions, tout en adaptant certains aspects aux exigences locales.

## Implications pratiques pour votre entreprise

Comment ces réglementations affectent-elles concrètement vos projets IA ?

**Documentation et traçabilité :**

Les réglementations exigent de plus en plus une documentation complète du développement et du fonctionnement des systèmes IA. *Actions concrètes :*

- Documenter les choix de conception et leurs justifications
- Maintenir des registres des jeux de données utilisés
- Tracer les modifications des modèles et leurs impacts
- Conserver les résultats des tests et évaluations

**Évaluations d'impact :**

De nombreuses réglementations requièrent des évaluations d'impact avant le déploiement de systèmes IA.

*Actions concrètes :*

- Développer une méthodologie d'évaluation d'impact adaptée à votre contexte
- Identifier les parties prenantes potentiellement affectées
- Évaluer les risques spécifiques selon le cas d'usage
- Documenter les mesures d'atténuation mises en place

**Supervision humaine :**

Le maintien d'un contrôle humain significatif est une exigence commune à de nombreuses réglementations.

*Actions concrètes :*

- Définir clairement les rôles et responsabilités humaines
- Concevoir des interfaces permettant une supervision efficace
- Former les opérateurs humains à comprendre et questionner les décisions algorithmiques
- Établir des procédures de recours et d'escalade

**Transparence et information :**

Les utilisateurs doivent généralement être informés qu'ils interagissent avec un système IA.

*Actions concrètes :*

- Développer des notices d'information claires et accessibles
- Expliquer en termes simples comment les décisions sont prises
- Communiquer les limites connues des systèmes
- Fournir des moyens de contester les décisions

*Exemple concret :* Une entreprise de recrutement utilisant l'IA pour la présélection des candidats a développé un "AI Disclosure Pack" comprenant :

- Une explication simple du fonctionnement du système
- Les critères pris en compte et leur pondération
- Les limites connues de l'algorithme
- La procédure pour demander une révision humaine
- Les mesures anti-biais mises en place

Ce pack est envoyé à tous les candidats avant l'évaluation, répondant ainsi aux exigences de transparence de multiples juridictions.

## Stratégies de conformité proactive

Plutôt que de subir les réglementations, adoptez une approche proactive qui transforme la conformité en avantage.

**Veille réglementaire structurée :**

Mettez en place un système pour suivre l'évolution des réglementations pertinentes.

*Actions concrètes :*

- Désigner des responsables de veille par zone géographique
- S'abonner à des services d'alerte spécialisés
- Participer à des groupes de travail sectoriels
- Établir un processus de diffusion interne des informations

**Conception conforme dès l'origine :**

Intégrez les exigences réglementaires dès la conception de vos systèmes IA.

*Actions concrètes :*

- Créer des checklists de conformité pour les phases de conception
- Impliquer les équipes juridiques dès le début des projets
- Développer des bibliothèques de composants pré-validés
- Adopter des pratiques de "compliance by design"

## Engagement avec les régulateurs :

Établissez un dialogue constructif avec les autorités réglementaires.

*Actions concrètes :*

- Participer aux consultations publiques
- Proposer des projets pilotes ou bacs à sable réglementaires
- Partager les bonnes pratiques et leçons apprises
- Inviter les régulateurs à des démonstrations et discussions

## Certification et standards volontaires :

Adoptez des standards reconnus pour démontrer votre engagement.

*Actions concrètes :*

- Obtenir des certifications pertinentes (ISO/IEC 42001, etc.)
- Adhérer à des initiatives sectorielles d'autorégulation
- Publier des rapports de transparence volontaires
- Faire auditer vos systèmes par des tiers indépendants

*Exemple concret :* Un groupe bancaire international a créé un "AI Regulatory Radar" combinant :

- Une équipe de veille réglementaire dédiée à l'IA
- Un processus de "regulatory requirements translation" transformant les textes juridiques en spécifications techniques
- Un comité trimestriel d'adaptation de la roadmap produit aux évolutions réglementaires

- Un programme d'engagement avec les régulateurs dans 8 pays clés

Cette approche proactive lui a permis de transformer la conformité en avantage concurrentiel, en étant systématiquement prêt avant ses concurrents lors de l'entrée en vigueur de nouvelles réglementations.

## Développer un cadre éthique pour votre IA

Au-delà de la conformité réglementaire, un cadre éthique interne vous aide à naviguer les zones grises et à prendre des décisions cohérentes.

### Principes fondamentaux d'une IA responsable

Plusieurs principes clés émergent des différentes approches de l'éthique de l'IA.

**Équité et non-discrimination :**

Les systèmes IA doivent traiter tous les individus de manière équitable, sans discrimination injuste.

*Implications pratiques :*

- Tester systématiquement les biais dans les données et les résultats
- Équilibrer les jeux de données ou utiliser des techniques de correction
- Définir clairement ce que signifie "équité" dans votre contexte spécifique
- Surveiller en continu les impacts différenciés sur divers groupes

**Transparence et explicabilité :**

Les décisions des systèmes IA doivent être compréhensibles par les humains concernés.

*Implications pratiques :*

- Privilégier des modèles intrinsèquement plus explicables quand c'est possible
- Développer des méthodes d'explication post-hoc pour les modèles complexes
- Adapter le niveau d'explication au public concerné
- Documenter les limites connues des explications fournies

## Sécurité et robustesse :

Les systèmes IA doivent fonctionner de manière fiable, sécurisée et prévisible.

*Implications pratiques :*

- Tester rigoureusement les comportements dans des scénarios extrêmes
- Mettre en place des garde-fous et limites de sécurité
- Prévoir des mécanismes de dégradation gracieuse en cas de problème
- Protéger contre les manipulations malveillantes

## Respect de la vie privée :

Les systèmes IA doivent respecter la vie privée des individus et protéger leurs données.

*Implications pratiques :*

- Appliquer les principes de minimisation des données
- Utiliser des techniques préservant la confidentialité (federated learning, etc.)
- Obtenir un consentement éclairé et significatif
- Prévoir des mécanismes d'effacement et de portabilité

**Responsabilité et gouvernance :**

Des mécanismes clairs doivent établir qui est responsable des systèmes IA et de leurs impacts.

*Implications pratiques :*

- Définir clairement les rôles et responsabilités
- Mettre en place des chaînes de responsabilité sans ambiguïté
- Prévoir des mécanismes de recours accessibles
- Établir des processus d'audit et de vérification

*Exemple concret :* Une entreprise de santé a développé une charte éthique IA structurée autour de ces principes, avec pour chacun :

- Une définition claire adaptée à son contexte
- Des exigences spécifiques et mesurables
- Des processus de vérification
- Des exemples concrets d'application

Cette charte est devenue un document vivant, régulièrement mis à jour en fonction des retours d'expérience et des évolutions technologiques.

## Mettre en place une gouvernance éthique de l'IA

Un cadre de gouvernance structuré est nécessaire pour opérationnaliser vos principes éthiques.

**Structures de gouvernance :**

Différentes structures peuvent soutenir votre approche éthique de l'IA.

*Options à considérer :*

- **Comité d'éthique IA :** Groupe multidisciplinaire évaluant les projets sensibles
- **Responsable éthique IA :** Poste dédié à la supervision des questions éthiques
- **Champions éthiques :** Réseau d'ambassadeurs dans différentes équipes
- **Conseil consultatif externe :** Experts indépendants apportant un regard extérieur

## Processus d'évaluation éthique :

Intégrez l'évaluation éthique dans votre cycle de développement IA.

*Étapes clés :*

1. **Screening initial :** Évaluation rapide pour identifier les projets à risque élevé
2. **Évaluation approfondie :** Analyse détaillée des implications éthiques
3. **Conception de mesures d'atténuation :** Solutions pour adresser les risques identifiés
4. **Validation et documentation :** Approbation formelle et documentation des décisions
5. **Monitoring continu :** Suivi des impacts réels après déploiement

## Outils d'évaluation :

Développez des outils pratiques pour soutenir vos processus.

*Exemples d'outils :*

- **Questionnaires d'évaluation :** Séries de questions structurées pour identifier les risques
- **Matrices d'impact :** Visualisation des impacts potentiels sur différentes parties prenantes
- **Arbres de décision éthique :** Guides pour naviguer les dilemmes courants

- **Templates de documentation :** Formats standardisés pour documenter les évaluations

**Formation et sensibilisation :**

Assurez-vous que toutes les parties prenantes comprennent les enjeux éthiques.

*Approches efficaces :*

- **Formation de base :** Sensibilisation générale pour tous les employés
- **Formation spécialisée :** Modules approfondis pour les équipes IA
- **Ateliers pratiques :** Sessions de travail sur des cas réels
- **Ressources continues :** Documentation, guides et support accessibles

*Exemple concret :* Une entreprise de services financiers a mis en place un système de gouvernance éthique à trois niveaux :

1. **Niveau 1 - Screening automatique :** Questionnaire en ligne obligatoire pour tout nouveau projet IA, générant un score de risque éthique
2. **Niveau 2 - Revue par les champions :** Les projets à risque moyen sont examinés par un champion éthique de la division concernée
3. **Niveau 3 - Comité d'éthique :** Les projets à haut risque sont soumis au comité d'éthique IA, composé de représentants des départements juridique, technique, métier, et d'un expert externe

Ce système a permis d'évaluer plus de 200 projets en un an, identifiant des risques significatifs dans 15% des cas et conduisant à des modifications substantielles dans 8% des projets.

## Outils pratiques pour une IA éthique

Au-delà des principes et structures, des outils techniques concrets peuvent vous aider à mettre en œuvre une IA éthique.

## Détection et mitigation des biais :

Outils pour identifier et corriger les biais dans vos systèmes IA.
*Approches techniques :*

- **Fairness metrics :** Mesures quantitatives d'équité (disparate impact, equal opportunity, etc.)
- **Debiasing techniques :** Méthodes pour réduire les biais (re-weighting, adversarial debiasing, etc.)
- **Fairness constraints :** Contraintes d'équité intégrées dans l'optimisation des modèles
- **Diverse data collection :** Stratégies pour collecter des données plus représentatives

## Explicabilité et interprétabilité :

Techniques pour rendre les décisions IA compréhensibles.

*Approches techniques :*

- **Modèles intrinsèquement interprétables :** Arbres de décision, règles, modèles linéaires
- **Méthodes post-hoc :** LIME, SHAP, counterfactual explanations
- **Visualisations :** Représentations graphiques des facteurs d'influence
- **Explanations by example :** Explication par cas similaires

## Privacy-preserving AI :

Techniques pour développer l'IA tout en protégeant la vie privée.
*Approches techniques :*

- **Federated learning :** Apprentissage distribué sans partage des données brutes

- **Differential privacy :** Ajout de bruit contrôlé pour protéger les individus
- **Homomorphic encryption :** Calculs sur données chiffrées
- **Synthetic data :** Génération de données artificielles préservant les propriétés statistiques

**Robustesse et sécurité :**

Méthodes pour renforcer la fiabilité et la sécurité des systèmes IA. *Approches techniques :*

- **Adversarial testing :** Test de résistance aux attaques adversariales
- **Uncertainty quantification :** Estimation et communication de l'incertitude
- **Monitoring drift :** Détection des changements dans les données ou performances
- **Graceful degradation :** Mécanismes de repli en cas de défaillance

*Exemple concret :* Une entreprise d'assurance a développé une boîte à outils éthique IA comprenant :

- Un framework d'évaluation des biais avec 7 métriques d'équité adaptées à son contexte
- Une bibliothèque d'explicabilité combinant SHAP pour les experts et des explications en langage naturel pour les clients
- Un système de federated learning permettant d'entraîner des modèles sans centraliser les données sensibles
- Un tableau de bord de monitoring continu détectant les dérives de performance entre différents segments de clients

Cette boîte à outils est devenue un standard interne, utilisée systématiquement dans tous les projets IA et continuellement enrichie par les retours d'expérience.

# Cas pratique : Développer une stratégie d'IA responsable

Comment mettre en pratique ces principes dans un cas concret ? Voici un exemple détaillé.

## Contexte

Une entreprise de taille moyenne dans le secteur de la santé développe une solution d'IA pour aider au diagnostic précoce de certaines pathologies. Face aux enjeux éthiques et réglementaires, elle souhaite mettre en place une approche responsable.

## Approche en 5 étapes

### Étape 1 : Évaluation des risques et opportunités
L'entreprise a commencé par une évaluation approfondie :

- Risques identifiés :

    - Biais potentiels dans les données d'entraînement (surreprésentation de certaines populations)
    - Enjeux de confidentialité des données médicales
    - Risque de sur-confiance des médecins dans les recommandations algorithmiques
    - Complexité réglementaire (dispositif médical, RGPD, etc.)

- Opportunités :

    - Amélioration significative du taux de détection précoce
    - Réduction des disparités d'accès à l'expertise médicale
    - Potentiel de sauver des vies grâce à des diagnostics plus rapides
    - Différenciation sur le marché par une approche éthique exemplaire

## Étape 2 : Développement d'un cadre éthique

L'entreprise a élaboré un cadre éthique spécifique :

- Principes fondamentaux :

  - Primauté du bien-être patient
  - Complémentarité homme-machine (l'IA comme assistant, non comme remplaçant)
  - Équité d'accès et de performance
  - Transparence et explicabilité
  - Protection des données et vie privée

- Gouvernance :

  - Création d'un comité d'éthique incluant médecins, data scientists, juristes et représentants de patients
  - Processus d'évaluation éthique intégré au cycle de développement
  - Désignation d'un responsable éthique IA à temps plein

## Étape 3 : Mise en œuvre technique

L'entreprise a implémenté plusieurs solutions techniques :

- Pour l'équité :

  - Audit complet des données d'entraînement et enrichissement pour améliorer la représentativité
  - Tests réguliers de performance sur différents sous-groupes démographiques
  - Mécanismes de détection et alerte en cas de disparité de performance

- Pour l'explicabilité :

  - Choix d'une architecture hybride combinant modèles interprétables et deep learning

- Développement d'interfaces d'explication adaptées aux médecins
- Documentation claire des limites du système

- Pour la confidentialité :

  - Implémentation de techniques de federated learning
  - Anonymisation robuste des données
  - Contrôles d'accès granulaires

## Étape 4 : Conformité réglementaire

L'entreprise a adopté une approche proactive de la conformité :

- Cartographie réglementaire :

  - Identification de toutes les réglementations applicables (dispositifs médicaux, données personnelles, IA)
  - Matrice de traçabilité entre exigences réglementaires et fonctionnalités

- Documentation :

  - Dossier technique complet pour certification dispositif médical
  - Analyse d'impact RGPD
  - Documentation des mesures d'atténuation des risques

- Engagement avec les régulateurs :

  - Consultations précoces avec les autorités compétentes
  - Participation à un programme de "bac à sable réglementaire »

## Étape 5 : Déploiement responsable et suivi

L'entreprise a mis en place un déploiement progressif :

- Phase pilote :

    - Déploiement initial dans 3 hôpitaux partenaires
    - Supervision renforcée et feedback continu
    - Ajustements basés sur l'expérience réelle

- Formation :

    - Programme de formation approfondi pour les médecins utilisateurs
    - Sensibilisation aux limites du système et aux risques de biais d'automation

- Monitoring continu :

    - Tableau de bord de suivi des performances par sous-groupe
    - Mécanisme de signalement des problèmes éthiques
    - Audits réguliers par des experts indépendants

- Amélioration continue :

    - Revues trimestrielles par le comité d'éthique
    - Mise à jour du cadre éthique basée sur l'expérience terrain
    - Publication transparente des résultats et leçons apprises

## Résultats et leçons apprises

Deux ans après le lancement, les résultats sont positifs :

- **Impact clinique :** Amélioration de 28% du taux de détection précoce

- **Équité :** Disparités de performance entre groupes démographiques réduites à moins de 3%
- **Adoption :** Taux d'adoption de 87% parmi les médecins formés
- **Conformité :** Certification obtenue dans 4 juridictions sans modifications majeures
- **Réputation :** Reconnaissance comme référence d'IA responsable dans le secteur

Les principales leçons apprises :

1. L'intégration précoce des considérations éthiques a évité des coûts de remédiation ultérieurs
2. L'implication des utilisateurs finaux (médecins) dans la conception éthique a été cruciale
3. La transparence sur les limites du système a paradoxalement augmenté la confiance
4. L'approche proactive avec les régulateurs a accéléré les approbations
5. Le cadre éthique est devenu un avantage compétitif tangible

## Conclusion : L'éthique comme avantage stratégique

Ce chapitre vous a présenté les défis éthiques et réglementaires de l'IA en entreprise, ainsi que des approches pratiques pour les naviguer.

Retenez ces points essentiels :

1. **L'éthique est un impératif business :** Au-delà des considérations morales, une approche éthique de l'IA réduit les risques et crée de la valeur
2. **La conformité réglementaire est un processus continu :** Le paysage réglementaire évolue rapidement, nécessitant une veille et une adaptation constantes

3. **Un cadre éthique structuré est indispensable :** Des principes clairs, des structures de gouvernance et des outils pratiques vous aideront à prendre des décisions cohérentes

4. **L'éthique doit être intégrée dès la conception :** "Ethics by design" est plus efficace et moins coûteux que des corrections a posteriori

5. **L'IA responsable peut devenir un avantage concurrentiel :** Les entreprises qui excellent dans ce domaine gagnent en confiance, en réputation et en resilience

Dans un monde où l'IA devient omniprésente, la capacité à la développer et la déployer de manière éthique et conforme n'est pas seulement une obligation, mais un véritable différenciateur stratégique.

Dans le prochain chapitre, nous explorerons des études de cas détaillées d'entreprises ayant réussi leur transformation IA, avec leurs succès, leurs échecs et les leçons que vous pouvez en tirer.

# Chapitre 10

## Études de cas détaillées

Après avoir exploré les différentes facettes de la préparation à l'IA, il est temps d'examiner des exemples concrets d'entreprises qui ont mené cette transformation avec succès, mais aussi celles qui ont rencontré des difficultés. Ce chapitre vous présente des études de cas détaillées couvrant différents secteurs et tailles d'entreprises, avec une analyse approfondie des facteurs de succès, des obstacles rencontrés et des leçons à en tirer.

## PME : Transformation IA d'une entreprise de 50 personnes

Comment une petite entreprise peut-elle tirer parti de l'IA avec des ressources limitées ? Cette étude de cas vous montre qu'une approche bien pensée peut générer des résultats impressionnants même à petite échelle.

# Contexte et défis initiaux

## Profil de l'entreprise :

- Entreprise de services de maintenance industrielle
- 50 employés dont 35 techniciens de terrain
- Chiffre d'affaires : 4,5 millions d'euros
- Clientèle : PME industrielles régionales

## Situation de départ :

- Planification manuelle des interventions, souvent inefficace
- Taux de première résolution des problèmes : 67%
- Forte dépendance à l'expertise de quelques techniciens seniors
- Pression concurrentielle croissante des grands groupes

## Défis spécifiques :

- Budget limité (enveloppe IA initiale de 120K€)
- Absence de compétences data science en interne
- Données dispersées dans plusieurs systèmes non connectés
- Résistance au changement de certains techniciens expérimentés

# Approche et mise en œuvre

Face à ces contraintes, l'entreprise a adopté une approche pragmatique et progressive :

## Phase 1 : Fondations (3 mois)

- Audit des données existantes et identification des lacunes
- Mise en place d'une application mobile simple pour les techniciens
- Centralisation des données dans un data lake basique
- Formation initiale sur les concepts IA pour l'équipe de direction

## Phase 2 : Premier cas d'usage (4 mois)

- Choix d'un cas d'usage à fort impact et faible complexité : optimisation des tournées
- Partenariat avec une startup spécialisée plutôt que développement interne
- Intégration avec les systèmes existants via APIs simples
- Déploiement progressif auprès d'une équipe pilote de 8 techniciens

## Phase 3 : Expansion (6 mois)

- Déploiement de l'optimisation des tournées à toute l'équipe
- Second cas d'usage : système d'aide au diagnostic basé sur l'historique des interventions
- Recrutement d'un data analyst à mi-temps (partagé avec une autre PME)
- Mise en place d'un tableau de bord de suivi des performances

## Phase 4 : Industrialisation (en cours)

- Développement d'une plateforme de maintenance prédictive pour certains équipements
- Formation approfondie des techniciens à l'utilisation des outils IA
- Création d'un "cercle d'innovation" impliquant des techniciens dans l'amélioration continue
- Exploration de nouveaux modèles commerciaux basés sur les insights générés

## Approche technique :

- Utilisation maximale de solutions SaaS et APIs existantes
- Focus sur l'intégration plutôt que le développement
- Priorité à la qualité des données plutôt qu'à la sophistication des algorithmes
- Interfaces simples et adaptées au contexte terrain

# Résultats et impact

Après 18 mois, les résultats sont significatifs :

## Impact opérationnel :

- Augmentation de 23% du nombre d'interventions quotidiennes
- Réduction de 34% des distances parcourues
- Amélioration du taux de première résolution à 82%
- Réduction de 28% du temps de diagnostic

## Impact business :

- Augmentation du chiffre d'affaires de 18%
- Amélioration de la marge opérationnelle de 7 points
- Réduction du turnover des techniciens de 15%
- Conquête de 3 clients majeurs précédemment inaccessibles

## Impact organisationnel :

- Développement d'une culture data-driven
- Montée en compétence des techniciens juniors
- Meilleur transfert de connaissances des seniors
- Nouvelle image d'entreprise innovante

## ROI :

- Investissement total sur 18 mois : 210K€
- Bénéfices directs annualisés : 420K€
- ROI : 200% sur la première année
- Payback : 6 mois

# Facteurs clés de succès et leçons apprises

Cette transformation réussie repose sur plusieurs facteurs clés :
**Facteurs de succès :**

1. **Approche incrémentale :** Démarrage avec un cas d'usage simple à fort impact
2. **Focus sur la valeur business :** Priorité aux problèmes concrets plutôt qu'à la technologie
3. **Implication des utilisateurs :** Techniciens impliqués dès la conception
4. **Pragmatisme technique :** Utilisation de solutions existantes plutôt que développement from scratch
5. **Leadership engagé :** Direction générale fortement impliquée et visible

## Obstacles surmontés :

1. **Résistance initiale :** Surmontée par l'implication précoce et la démonstration de valeur
2. **Qualité des données :** Améliorée progressivement via l'application mobile
3. **Compétences limitées :** Compensées par des partenariats et formations ciblées
4. **Budget restreint :** Optimisé par une approche progressive et des solutions SaaS

## Leçons apprises :

1. Pour une PME, mieux vaut commencer petit mais concret plutôt que viser trop grand
2. L'amélioration de la collecte de données terrain est souvent un prérequis négligé
3. La valeur de l'IA vient autant de l'amélioration des processus que de la technologie elle-même
4. Les partenariats stratégiques peuvent compenser les limitations de ressources internes
5. La transformation culturelle est aussi importante que la transformation technologique

**Citation du dirigeant :**

*"Notre erreur initiale a été de penser que l'IA était réservée aux grandes entreprises. Nous avons découvert qu'avec une approche pragmatique et progressive, même une PME peut en tirer d'énormes bénéfices. La clé a été de commencer par un problème concret que nous comprenions parfaitement, plutôt que par la technologie."*

# ETI : Digitalisation des processus RH par l'IA

Cette étude de cas illustre comment une entreprise de taille intermédiaire a transformé sa fonction RH grâce à l'IA, créant de la valeur bien au-delà de la simple automatisation.

## Contexte et défis initiaux

**Profil de l'entreprise :**

- Groupe de distribution spécialisée
- 1 200 employés répartis sur 85 points de vente
- Chiffre d'affaires : 280 millions d'euros
- Croissance rapide par acquisitions successives

**Situation de départ :**

- Processus RH largement manuels et hétérogènes
- Équipe RH surchargée par des tâches administratives
- Forte croissance générant des besoins de recrutement importants
- Turnover élevé (28%) impactant la performance

**Défis spécifiques :**

*   Systèmes d'information RH fragmentés suite aux acquisitions
*   Culture d'entreprise traditionnelle peu orientée technologie
*   Sensibilité particulière des données RH
*   Craintes des équipes RH face à l'automatisation

## Approche et mise en œuvre

L'entreprise a adopté une approche holistique, considérant l'IA comme un levier de transformation globale de la fonction RH :

### Phase 1 : Vision et stratégie (2 mois)

*   Définition d'une vision "People Analytics" à 3 ans
*   Cartographie des processus RH et identification des opportunités d'IA
*   Création d'un comité de pilotage mixte (RH, IT, métiers, direction)
*   Élaboration d'un business case détaillé et d'une roadmap

### Phase 2 : Unification des données (5 mois)

*   Mise en place d'une plateforme centralisée de données RH
*   Harmonisation des référentiels (postes, compétences, etc.)
*   Développement d'un data warehouse RH avec gouvernance adaptée
*   Formation de l'équipe RH aux concepts de data literacy

### Phase 3 : Premiers cas d'usage (6 mois)

*   Déploiement d'un chatbot RH pour les questions fréquentes des collaborateurs
*   Système d'analyse prédictive du turnover
*   Automatisation du screening initial des CV
*   Tableaux de bord analytiques pour les managers

### Phase 4 : Expansion et sophistication (12 mois)

- Système de recommandation de parcours de carrière personnalisés
- Analyse des feedbacks collaborateurs via NLP
- Prédiction des besoins de recrutement par magasin
- Plateforme d'onboarding personnalisé basée sur l'IA

### Approche technique :

- Architecture hybride : solutions SaaS spécialisées + développements spécifiques
- Plateforme data centralisée avec gouvernance stricte
- Approche API-first pour l'intégration des différentes solutions
- Équilibre entre solutions prêtes à l'emploi et personnalisation

## Résultats et impact

Après 2 ans, la transformation a généré des résultats significatifs :

### Impact opérationnel :

- Réduction de 65% du temps consacré aux tâches administratives RH
- Diminution de 40% du temps de recrutement
- Baisse du turnover de 28% à 19%
- Amélioration de 45% du taux de mobilité interne

### Impact business :

- Économies directes de 1,8M€ par an (coûts de recrutement, intérim, formation)
- Augmentation de la productivité des nouveaux embauchés de 23%
- Amélioration de l'engagement collaborateur (eNPS +18 points)
- Réduction des coûts RH rapportés au chiffre d'affaires de 4,2% à 3,1%

**Impact organisationnel :**

- Repositionnement de la fonction RH comme partenaire stratégique
- Développement de nouvelles compétences au sein de l'équipe RH
- Création d'une équipe "People Analytics" de 3 personnes
- Amélioration significative de l'expérience collaborateur

**ROI :**

- Investissement total : 1,2M€ sur 2 ans
- Bénéfices annuels : 2,3M€
- ROI : 192% sur 2 ans
- Payback : 13 mois

## Facteurs clés de succès et leçons apprises

Plusieurs facteurs ont contribué à cette transformation réussie :

**Facteurs de succès :**

1. **Vision holistique :** Approche globale plutôt que projets isolés
2. Sponsorship au plus haut niveau : Soutien actif du CEO et du COMEX
3. **Équipe mixte :** Collaboration étroite entre RH, IT et métiers
4. Focus sur l'expérience utilisateur : Interfaces simples et adaptées
5. **Communication transparente :** Clarté sur les objectifs et non-remplacement des équipes

**Obstacles surmontés :**

1. **Résistance des équipes RH :** Transformée en adhésion par la co-construction

2. **Fragmentation des données :** Résolue par un effort majeur d'unification
3. **Préoccupations éthiques :** Adressées par un cadre éthique clair et une gouvernance stricte
4. **Complexité technique :** Gérée par une approche progressive et des partenariats ciblés

**Leçons apprises :**

1. La transformation des données RH est souvent plus complexe et longue que prévu
2. L'adhésion des équipes RH est le facteur critique de succès le plus important
3. Les bénéfices indirects (engagement, expérience collaborateur) dépassent souvent les économies directes
4. La valeur de l'IA en RH vient davantage de l'augmentation des capacités que de la réduction des effectifs
5. La confidentialité et l'éthique doivent être intégrées dès la conception

**Citation du DRH :**

*"Nous avons abordé ce projet non pas comme une simple automatisation, mais comme une réinvention de la fonction RH. L'IA nous a permis de passer d'une fonction administrative à un véritable partenaire stratégique. La clé a été d'impliquer nos équipes RH comme conceptrices de cette transformation, et non comme simples utilisatrices."*

# Grand groupe : Déploiement d'une stratégie IA globale

Cette étude de cas examine comment un grand groupe international a déployé une stratégie IA cohérente à l'échelle mondiale, surmontant les défis de complexité organisationnelle et technique.

# Contexte et défis initiaux

## Profil de l'entreprise :

- Groupe industriel multinational
- 45 000 employés dans 28 pays
- Chiffre d'affaires : 12 milliards d'euros
- 5 divisions opérationnelles relativement autonomes

## Situation de départ :

- Initiatives IA fragmentées et non coordonnées
- Plus de 30 projets IA isolés avec peu de synergies
- Duplication des efforts et investissements
- Résultats inégaux et difficultés à passer à l'échelle

## Défis spécifiques :

- Silos organisationnels et culture décentralisée
- Hétérogénéité des systèmes d'information
- Gouvernance des données insuffisante
- Compétition interne pour les talents IA rares
- Complexité réglementaire internationale

# Approche et mise en œuvre

Le groupe a adopté une approche équilibrée, combinant centralisation stratégique et exécution décentralisée :

## Phase 1 : Diagnostic et vision (4 mois)

- Audit complet des initiatives IA existantes
- Benchmark externe et analyse des meilleures pratiques
- Définition d'une vision IA alignée avec la stratégie du groupe
- Élaboration d'un modèle de gouvernance adapté à la culture

## Phase 2 : Fondations communes (8 mois)

- Création d'un AI Center of Excellence (CoE) central
- Développement d'une plateforme technique commune (data et IA)
- Établissement d'un cadre de gouvernance des données groupe
- Élaboration de standards, méthodologies et bonnes pratiques

## Phase 3 : Montée en puissance (12 mois)

- Déploiement d'équipes IA "embarquées" dans chaque division
- Lancement de 3 projets phares transverses à fort impact
- Programme de formation massif (3 000 collaborateurs)
- Mise en place d'une communauté de pratique IA interne

## Phase 4 : Industrialisation et scaling (18 mois)

- Déploiement d'une plateforme MLOps groupe
- Création d'un catalogue de composants IA réutilisables
- Programme d'accélération pour les cas d'usage à fort potentiel
- Partenariats externes (universités, startups, fournisseurs)

## Modèle organisationnel :

- **AI Center of Excellence central :** Stratégie, standards, expertise avancée, R&D
- **Équipes IA divisionnelles :** Exécution, adaptation aux besoins métiers
- **Réseau de "champions IA" :** Relais dans les unités opérationnelles
- **Comité de gouvernance IA :** Arbitrage, priorisation, allocation des ressources

## Résultats et impact

Après 3 ans, cette approche a généré des résultats impressionnants :

**Impact opérationnel :**

- Plus de 150 cas d'usage IA déployés à l'échelle
- Réduction moyenne de 18% des coûts opérationnels dans les domaines ciblés
- Amélioration de 23% de la précision des prévisions
- Réduction de 34% des incidents qualité

**Impact business :**

- Contribution directe de 380M€ à l'EBITDA
- Développement de 5 nouvelles offres "product-as-a-service" basées sur l'IA
- Réduction de 15% du time-to-market pour les nouveaux produits
- Amélioration de la satisfaction client (NPS +12 points)

**Impact organisationnel :**

- Équipe IA centrale de 45 experts
- Réseau de 120 data scientists dans les divisions
- Plus de 500 "champions IA" formés dans les métiers
- Développement d'une véritable culture data-driven

**ROI :**

- Investissement total : 85M€ sur 3 ans
- Bénéfices annuels récurrents : 380M€
- ROI : 447% sur 3 ans
- Payback : 9 mois pour les projets prioritaires

## Facteurs clés de succès et leçons apprises

Cette transformation à grande échelle a mis en lumière plusieurs facteurs critiques :

**Facteurs de succès :**

1. Équilibre centralisation/décentralisation : Modèle hybride adapté à la culture
2. **Plateforme technique commune :** Réduction de la duplication et accélération du déploiement
3. **Approche portfolio :** Mix de projets à court terme et initiatives stratégiques
4. **Développement des talents :** Programmes de formation et parcours de carrière IA
5. **Gouvernance claire :** Processus de décision et allocation des ressources transparents

**Obstacles surmontés :**

1. **Résistance des divisions :** Surmontée par une approche de co-construction
2. **Fragmentation des données :** Adressée par une architecture data fédérée
3. **Pénurie de talents :** Compensée par un mix de recrutement, formation et partenariats
4. **Complexité réglementaire :** Gérée par un framework de conformité adaptatif

**Leçons apprises :**

1. La gouvernance est aussi importante que la technologie dans les grands groupes
2. L'équilibre entre standardisation et flexibilité est délicat mais essentiel
3. La réutilisation des composants est clé pour l'efficacité à l'échelle
4. Le développement des compétences doit cibler tous les niveaux, pas seulement les experts
5. La valeur business doit rester le principal critère de priorisation

**Citation du Chief AI Officer :**

*"Notre principale leçon a été qu'une stratégie IA réussie dans un grand groupe n'est pas une question de centralisation versus décentralisation, mais de trouver le bon équilibre entre les deux. Nous avons créé un modèle où le centre fournit les fondations, standards et expertise de pointe, tandis que les divisions conservent l'agilité nécessaire pour répondre aux besoins métiers spécifiques."*

# Échecs et leçons apprises : Trois projets IA qui n'ont pas atteint leurs objectifs

Apprendre des échecs est aussi important que de s'inspirer des succès. Voici trois cas de projets IA qui n'ont pas atteint leurs objectifs, avec une analyse des causes et des leçons à en tirer.

## Cas 1 : Système de prévision des ventes surestimé

**Contexte :**
- Entreprise de produits de grande consommation
- Projet ambitieux de prévision des ventes par IA
- Budget de 1,2M€ et calendrier de 9 mois
- Promesse de réduction des stocks de 30% et amélioration de la disponibilité produits

**Ce qui s'est passé :**
- Après 14 mois et 1,8M€ dépensés, le système a été abandonné
- Précision des prévisions inférieure aux méthodes existantes
- Rejet par les équipes commerciales et supply chain
- Retour aux méthodes traditionnelles avec ajustements mineurs

**Causes principales de l'échec :**

1. **Surestimation de la qualité des données :** Données historiques incomplètes et incohérentes
2. **Complexité sous-estimée :** Plus de 50 000 références avec historiques limités
3. **Approche trop ambitieuse :** Tentative de solution globale plutôt qu'incrémentale
4. Implication insuffisante des utilisateurs : Équipes commerciales consultées tardivement
5. **Focus technologique excessif :** Algorithmes sophistiqués privilégiés sur la compréhension métier

**Leçons à retenir :**

1. Toujours commencer par un audit rigoureux de la qualité des données
2. Privilégier une approche progressive avec des quick wins
3. Impliquer les utilisateurs finaux dès la conception
4. La compréhension métier prime sur la sophistication algorithmique
5. Prévoir des phases de test en parallèle avec les méthodes existantes

**Comment ils ont rebondi :**

L'entreprise a relancé l'initiative deux ans plus tard avec une approche radicalement différente :

- Démarrage avec un seul segment produit bien maîtrisé
- Équipe mixte data scientists et planificateurs expérimentés
- Focus initial sur la qualité et la gouvernance des données
- Approche hybride combinant jugement expert et algorithmes
- Déploiement progressif avec validation métier à chaque étape

Cette seconde tentative a été un succès, générant 12% de réduction des stocks et 8% d'amélioration de la disponibilité produits.

# Cas 2 : Chatbot service client prématurément déployé

**Contexte :**
- Opérateur de télécommunications
- Déploiement d'un chatbot IA pour le service client
- Objectif de réduction de 40% des appels au centre de contact
- Délai serré imposé par la direction (4 mois)

**Ce qui s'est passé :**
- Lancement respectant le délai mais avec un système insuffisamment mature
- Taux de résolution correct en environnement test (78%) mais catastrophique en production (31%)
- Explosion des plaintes clients et dégradation de la satisfaction (-18 points NPS)
- Retrait du chatbot après seulement 3 semaines

**Causes principales de l'échec :**

1. **Pression calendaire excessive :** Délai irréaliste imposé par la direction
2. **Données d'entraînement non représentatives :** Basées sur des scripts idéaux, non sur des conversations réelles
3. **Tests insuffisants :** Uniquement en environnement contrôlé avec des scénarios prévisibles
4. **Absence de supervision humaine :** Pas de mécanisme d'escalade vers des agents humains
5. **Communication client inadaptée :** Attentes créées trop élevées par rapport aux capacités réelles

**Leçons à retenir :**

1. Résister à la pression calendaire quand la qualité est en jeu
2. Entraîner les modèles sur des données représentatives des conditions réelles
3. Tester en conditions réalistes avec des utilisateurs externes
4. Toujours prévoir des mécanismes de supervision et d'escalade humaine

5. Communiquer honnêtement sur les capacités et limites du système

**Comment ils ont rebondi :**

Six mois plus tard, l'entreprise a relancé le projet avec une approche différente :

- Déploiement progressif par segments clients et cas d'usage
- Système hybride avec agents humains en supervision
- Communication transparente sur la nature expérimentale du service
- Mécanisme de feedback intégré pour l'amélioration continue
- Objectifs réalistes (réduction de 15% des appels la première année)

Cette approche a permis d'atteindre 25% de réduction des appels après un an, avec une amélioration du NPS de 7 points.

## Cas 3 : Système RH de détection des talents mal conçu

**Contexte :**
- Grande entreprise de services professionnels
- Système IA pour identifier les "hauts potentiels" et prédire les performances
- Objectif d'optimiser les promotions et la rétention des talents clés
- Projet prestigieux avec forte visibilité interne

**Ce qui s'est passé :**
- Après déploiement, le système a généré des recommandations biaisées
- Surreprésentation significative d'un certain profil démographique
- Controverse interne majeure et risque de poursuites légales
- Abandon du système et dommage réputationnel important

**Causes principales de l'échec :**

1. **Biais dans les données historiques :** Le système a reproduit les biais des décisions passées
2. **Absence d'évaluation éthique :** Pas d'analyse des implications éthiques et des risques de discrimination
3. **Manque de transparence :** Fonctionnement "boîte noire" sans explicabilité
4. **Métriques inadaptées :** Focus sur la corrélation avec les décisions passées plutôt que sur l'équité
5. **Gouvernance insuffisante :** Pas de supervision diverse et multidisciplinaire

## Leçons à retenir :

1. Toujours évaluer les biais potentiels dans les données historiques
2. Intégrer l'éthique dès la conception, particulièrement pour les systèmes RH
3. Privilégier des approches explicables pour les décisions sensibles
4. Définir des métriques d'équité et pas seulement de performance
5. Mettre en place une gouvernance diverse pour les systèmes à haut risque

## Comment ils ont rebondi :

L'entreprise a transformé cet échec en opportunité d'apprentissage :

- Création d'un comité d'éthique IA avec experts externes
- Développement d'un framework d'évaluation des biais pour tous les projets IA
- Nouvelle approche "human-in-the-loop" pour les décisions RH
- Formation obligatoire sur les biais cognitifs pour tous les managers
- Transparence accrue sur les critères de promotion et développement

Deux ans plus tard, un nouveau système d'aide à la décision RH (non prédictif) a été déployé avec succès, contribuant à une amélioration de la diversité aux postes de direction et à une meilleure rétention des talents.

## Synthèse des leçons communes

Ces trois échecs, bien que différents, partagent plusieurs enseignements communs :

1. **La qualité des données est fondamentale :** La plupart des échecs IA commencent par des problèmes de données (qualité, représentativité, biais)
2. **L'approche progressive est plus sûre :** Les projets trop ambitieux ou précipités échouent plus souvent que les démarches incrémentales
3. **L'humain reste essentiel :** L'implication des utilisateurs et la supervision humaine sont des facteurs critiques de succès
4. **L'éthique n'est pas optionnelle :** Les considérations éthiques doivent être intégrées dès la conception, pas ajoutées après coup
5. **La technologie n'est qu'une partie de l'équation :** Les aspects organisationnels, culturels et humains sont souvent plus déterminants que les algorithmes
6. **L'échec peut être formateur :** Les organisations qui apprennent de leurs échecs réussissent souvent mieux leurs initiatives suivantes

**Citation d'un expert :**

*"Dans l'IA, les échecs les plus coûteux ne sont généralement pas techniques, mais humains et organisationnels. La bonne nouvelle est que ce sont aussi les plus évitables, si l'on prend le temps d'apprendre des erreurs des autres."*

# Analyse comparative et facteurs de succès transversaux

En analysant ces différentes études de cas, plusieurs facteurs de succès transversaux émergent, indépendamment de la taille de l'entreprise ou du secteur d'activité.

## Facteurs de succès communs

### 1. Alignement stratégique clair

Les initiatives IA réussies sont systématiquement alignées avec les objectifs stratégiques de l'entreprise.

*Manifestations concrètes :*

- Lien explicite entre cas d'usage IA et priorités business
- Sponsorship au plus haut niveau de l'organisation
- KPIs business plutôt que techniques
- Révision régulière de l'alignement stratégique

### 2. Approche centrée sur la valeur business

Le focus sur la création de valeur, plutôt que sur la technologie elle-même, caractérise les projets réussis.

*Manifestations concrètes :*

- Sélection des cas d'usage basée sur l'impact business potentiel
- Mesure rigoureuse du ROI
- Quick wins pour démontrer la valeur rapidement
- Équilibre entre bénéfices à court terme et transformation à long terme

4. Gouvernance adaptée à la culture

Les modèles de gouvernance efficaces sont ceux qui s'adaptent à la culture existante plutôt que de tenter de la transformer brutalement.

*Manifestations concrètes :*

- Équilibre centralisation/décentralisation adapté au contexte
- Rôles et responsabilités clairement définis
- Processus de décision et d'allocation des ressources transparents
- Mécanismes d'arbitrage et de priorisation efficaces

5. Excellence dans la gestion des données

La qualité et l'accessibilité des données sont des fondations essentielles de toute initiative IA réussie.

*Manifestations concrètes :*

- Stratégie données cohérente et priorisée
- Gouvernance des données robuste
- Investissements significatifs dans la qualité des données
- Architecture data adaptée aux besoins IA

6. Développement des talents et de la culture

Les organisations qui réussissent investissent massivement dans les compétences et la culture.

*Manifestations concrètes :*

- Programmes de formation à tous les niveaux
- Recrutement stratégique de profils clés
- Communautés de pratique et partage de connaissances
- Valorisation de l'expérimentation et tolérance à l'échec

7. Approche progressive et itérative

Les déploiements progressifs avec apprentissage continu sur-passent systématiquement les approches "big bang".

*Manifestations concrètes :*

- Démarrage avec des projets pilotes bien définis
- Cycles courts avec feedback régulier
- Mécanismes d'amélioration continue
- Scaling progressif basé sur les résultats validés

## 7. Intégration dans l'écosystème existant

Les solutions IA qui s'intègrent harmonieusement dans l'environ-nement existant ont plus de chances de succès.

*Manifestations concrètes :*

- Attention particulière à l'expérience utilisateur
- Intégration fluide avec les systèmes existants
- Adaptation aux processus métier plutôt que l'inverse
- Compatibilité avec l'infrastructure technique en place

## Différences selon la taille et la maturité

Si ces facteurs sont universels, leur mise en œuvre varie selon la taille et la maturité de l'organisation :

**Pour les PME :**

- **Forces :** Agilité, proximité terrain, prise de décision rapide
- **Défis :** Ressources limitées, expertise technique, accès aux données
- **Approches adaptées :** Solutions SaaS, partenariats, focus sur des cas d'usage très ciblés

**Pour les ETI :**

- **Forces :** Équilibre entre ressources et agilité, connaissance métier approfondie
- **Défis :** Systèmes hétérogènes, silos organisationnels, compétition pour les ressources
- **Approches adaptées :** Équipe IA centrale légère, plateforme commune, priorisation stricte

**Pour les grands groupes :**

- **Forces :** Ressources importantes, données abondantes, capacité d'investissement
- **Défis :** Complexité organisationnelle, inertie, résistance au changement
- **Approches adaptées :** Modèle hub-and-spoke, industrialisation, réutilisation des composants

## Évolution des facteurs de succès avec la maturité IA

Les facteurs de succès évoluent également avec la maturité IA de l'organisation :

**Phase initiale :**

- Focus sur les quick wins et la démonstration de valeur
- Développement des compétences fondamentales
- Amélioration de la qualité des données
- Expérimentation et apprentissage

**Phase intermédiaire :**

- Mise en place d'une gouvernance structurée
- Développement d'une plateforme technique commune
- Industrialisation des premiers cas d'usage
- Élargissement du portefeuille de projets

**Phase avancée :**

- Intégration de l'IA dans tous les processus métier
- Développement de nouvelles offres basées sur l'IA
- Automatisation du cycle de vie des modèles (MLOps)
- Innovation continue et veille concurrentielle

## Conclusion : Tirer les leçons des pionniers

Ce chapitre vous a présenté des études de cas détaillées d'entreprises ayant mené leur transformation IA avec succès, mais aussi des exemples d'échecs instructifs.

Retenez ces points essentiels :

1. **Pas de modèle unique :** Chaque transformation IA réussie est adaptée au contexte spécifique de l'entreprise, même si des principes communs émergent
2. **L'échelle n'est pas un obstacle :** Des PME aux grands groupes, des entreprises de toutes tailles réussissent leur transformation IA avec des approches adaptées
3. **Les échecs sont formateurs :** Analyser les échecs est aussi instructif que d'étudier les succès, et permet d'éviter de répéter les mêmes erreurs
4. **Facteurs humains prédominants :** Les aspects organisationnels, culturels et humains sont souvent plus déterminants que les choix technologiques
5. **Approche progressive gagnante :** Les déploiements progressifs avec apprentissage continu surpassent systématiquement les approches "big bang"

Ces études de cas montrent qu'il n'existe pas de recette miracle pour réussir sa transformation IA, mais plutôt un ensemble de principes à adapter à votre contexte spécifique. L'important est de commencer, d'apprendre rapidement, et d'ajuster votre approche en fonction des résultats.

Dans le prochain chapitre, nous explorerons comment préparer votre entreprise pour l'avenir de l'IA, en anticipant les tendances émergentes et en développant une capacité d'adaptation continue.

# Chapitre 11

## Préparer l'avenir

Après avoir exploré les différentes facettes de la préparation à l'IA et examiné des cas concrets d'entreprises ayant réussi leur transformation, il est temps de lever les yeux vers l'horizon. Comment préparer votre entreprise non seulement pour l'IA d'aujourd'hui, mais aussi pour celle de demain ? Ce chapitre vous aidera à anticiper les évolutions futures et à développer une capacité d'adaptation continue face à un paysage technologique en constante mutation.

# Les tendances émergentes en IA pour les 5 prochaines années

L'IA évolue à un rythme accéléré. Comprendre les tendances émergentes vous permettra d'anticiper les opportunités et les défis à venir.

## L'IA générative : au-delà du texte et des images

L'IA générative, qui a fait une percée spectaculaire avec des modèles comme GPT et DALL-E, continuera d'évoluer et de s'étendre à de nouveaux domaines.

**Évolutions attendues :**

- **Génération multimodale intégrée :** Les futurs systèmes combineront naturellement texte, image, son et vidéo dans des expériences cohérentes.

*Exemple d'application business :* Un fabricant pourra décrire verbalement un nouveau produit, et l'IA générera instantanément des prototypes visuels, des fiches techniques, des scripts marketing et des simulations d'utilisation, accélérant drastiquement le cycle de développement.

- **Génération 3D et environnements virtuels :** L'IA pourra créer des espaces et objets tridimensionnels complets à partir de descriptions.

*Exemple d'application business :* Les architectes et designers pourront générer des espaces commerciaux complets à partir de briefs clients, avec mobilier, éclairage et circulation, réduisant de semaines à heures le temps de conception préliminaire.

- **Personnalisation de masse extrême :** L'IA générative permettra une personnalisation à l'échelle individuelle sans surcoût.

*Exemple d'application business :* Un détaillant pourra proposer des catalogues entièrement personnalisés pour chaque client, avec des produits présentés dans des contextes pertinents pour leur style de vie spécifique.

**Comment vous préparer :**

1. Expérimentez dès maintenant avec les outils d'IA générative disponibles
2. Identifiez les processus créatifs et de conception qui pourraient être transformés
3. Réfléchissez à la valeur unique que vos experts humains apporteront dans un monde d'abondance créative
4. Développez une stratégie de propriété intellectuelle adaptée à ce nouveau paradigme

## L'IA autonome et les systèmes multi-agents

Les systèmes IA évolueront vers une autonomie accrue et une collaboration entre agents spécialisés.

**Évolutions attendues :**
- **Agents IA persistants :** Des systèmes capables de poursuivre des objectifs complexes sur de longues périodes, avec apprentissage continu.

*Exemple d'application business :* Un agent IA dédié à l'optimisation énergétique d'une usine pourra observer en continu, expérimenter des ajustements, et améliorer progressivement l'efficacité sans intervention humaine constante.

- **Systèmes multi-agents collaboratifs :** Des équipes d'IA spécialisées travaillant ensemble sur des problèmes complexes.

*Exemple d'application business :* Dans la gestion de chaîne d'approvisionnement, différents agents spécialisés (prévision demande, optimisation stocks, logistique, négociation fournisseurs) collaboreront pour une optimisation globale plutôt que locale.

- **Autonomie encadrée :** Des systèmes capables de prendre des décisions dans un cadre de contraintes et valeurs prédéfinies.

*Exemple d'application business :* Un système de pricing dynamique pourra ajuster les prix en temps réel selon de multiples facteurs, tout en respectant des contraintes de marge minimale, d'équité entre segments clients et de cohérence avec le positionnement marque.

**Comment vous préparer :**

1. Développez des cadres de gouvernance clairs pour délimiter l'autonomie des systèmes IA
2. Identifiez les processus qui bénéficieraient d'une optimisation continue
3. Expérimentez avec des approches modulaires plutôt que monolithiques
4. Investissez dans des capacités de monitoring et d'audit des systèmes autonomes

## L'IA frugale et décentralisée

Face aux limites énergétiques et aux préoccupations de confidentialité, l'IA évoluera vers des approches plus efficientes et décentralisées.

**Évolutions attendues :**

- **IA en périphérie (Edge AI) :** Déploiement de capacités IA avancées sur les appareils et équipements locaux.

*Exemple d'application business :* Des équipements industriels intégreront des capacités de maintenance prédictive locales, fonctionnant même sans connexion cloud et analysant des données sensibles sans les transmettre.

- **Modèles compacts et spécialisés :** Des systèmes IA optimisés pour des tâches spécifiques avec une fraction des ressources des grands modèles.

*Exemple d'application business :* Des assistants IA spécialisés par métier pourront fonctionner sur des appareils standards sans infrastructure cloud coûteuse, démocratisant l'accès à l'IA pour les TPE/PME.

- **Apprentissage fédéré et collaboratif :** Développement de modèles sans centralisation des données sensibles.

*Exemple d'application business :* Des institutions financières pourront collaborer sur des modèles anti-fraude puissants sans jamais partager leurs données clients, améliorant la détection tout en préservant la confidentialité.

**Comment vous préparer :**

1. Évaluez les cas d'usage où la confidentialité et la latence sont critiques
2. Intégrez l'efficience énergétique dans vos critères d'évaluation des solutions IA
3. Explorez les technologies d'apprentissage fédéré pour les données sensibles
4. Développez une stratégie edge/cloud hybride adaptée à vos contraintes

## L'IA augmentée par la science

L'intégration de connaissances scientifiques et de raisonnement causal dans les systèmes IA ouvrira de nouvelles frontières.

**Évolutions attendues :**

- **IA scientifique :** Systèmes intégrant des connaissances scientifiques profondes et des contraintes physiques.

*Exemple d'application business :* Dans la R&D pharmaceutique, des systèmes IA pourront suggérer des molécules non seulement statistiquement prometteuses mais respectant les lois de la chimie et de la biologie, accélérant drastiquement la découverte de médicaments.

- **Raisonnement causal :** Évolution vers des modèles comprenant les relations de cause à effet, pas seulement les corrélations.

*Exemple d'application business :* Dans l'analyse marketing, l'IA pourra distinguer les actions qui causent réellement des conversions de celles qui sont simplement corrélées, permettant une allocation budgétaire bien plus efficace.

- **Simulation et mondes virtuels :** Utilisation d'environnements simulés pour tester des hypothèses et accélérer l'apprentissage.

*Exemple d'application business :* Un constructeur automobile pourra tester des milliers de configurations de chaîne de production dans des environnements virtuels avant implémentation physique, optimisant les flux et anticipant les goulots d'étranglement.

**Comment vous préparer :**

1. Identifiez les domaines où la connaissance experte et scientifique est critique
2. Investissez dans la formalisation et la structuration de vos connaissances métier
3. Explorez les approches de simulation numérique dans votre secteur

4. Développez des collaborations avec des institutions académiques

## L'IA collaborative centrée sur l'humain

L'avenir appartient aux systèmes conçus pour amplifier les capacités humaines plutôt que les remplacer.

**Évolutions attendues :**

- **Interfaces adaptatives et multimodales :** Systèmes s'adaptant aux préférences et contextes des utilisateurs.

*Exemple d'application business :* Un système d'aide à la décision pour traders s'adaptera au style de chaque utilisateur, privilégiant visualisations ou texte selon leurs préférences, et ajustant le niveau de détail selon leur expertise.

- **Collaboration augmentée :** IA facilitant la collaboration entre humains plutôt que remplaçant des individus.

*Exemple d'application business :* Dans les projets complexes, des systèmes IA joueront le rôle de "connecteurs de connaissances", identifiant quand l'expertise d'un membre de l'équipe pourrait aider un autre et facilitant ces connexions.

- **Systèmes explicatifs et éducatifs :** IA qui développe les compétences des utilisateurs plutôt que de les rendre dépendants.

*Exemple d'application business :* Un système d'aide au diagnostic médical n'offrira pas seulement des conclusions, mais expliquera son raisonnement de manière pédagogique, contribuant au développement professionnel continu des praticiens.

**Comment vous préparer :**

1. Repensez vos interfaces utilisateurs pour une collaboration homme-machine fluide
2. Intégrez des mécanismes de feedback et d'apprentissage continu
3. Investissez dans l'explicabilité et la transparence de vos systèmes
4. Formez vos équipes à collaborer efficacement avec les systèmes IA

## Se préparer aux disruptions de votre secteur

Au-delà des tendances technologiques générales, chaque secteur connaîtra des transformations spécifiques. Anticiper ces disruptions est essentiel pour rester compétitif.

## Cartographier les vecteurs de disruption potentiels

Pour identifier les disruptions potentielles, analysez systématiquement plusieurs dimensions :

**Transformation de la proposition de valeur :**

Comment l'IA pourrait-elle modifier fondamentalement ce que les clients valorisent dans votre secteur ?

*Exemple :* Dans l'assurance, la valeur pourrait passer de l'indemnisation après sinistre à la prévention personnalisée, transformant un produit réactif en service proactif.

**Redéfinition des segments clients :**

Comment l'IA pourrait-elle créer de nouveaux segments ou rendre obsolètes les segmentations actuelles ?

*Exemple :* Dans la banque de détail, la segmentation traditionnelle par patrimoine pourrait être remplacée par des micro-segments basés sur les comportements financiers détectés par l'IA, nécessitant des offres entièrement repensées.

## Désintermédiation et réintermédiation :

Quels nouveaux intermédiaires pourraient émerger ou quels acteurs traditionnels pourraient être contournés ?

*Exemple :* Dans l'immobilier commercial, des plateformes IA pourraient connecter directement propriétaires et locataires avec des recommandations personnalisées, remettant en question le rôle des agences traditionnelles.

## Convergence intersectorielle :

Quelles frontières entre secteurs pourraient s'estomper avec l'IA ?
*Exemple :* La convergence entre automobile, énergie et habitat intelligent pourrait créer un écosystème intégré où votre voiture électrique optimise automatiquement la consommation énergétique de votre maison.

## Démocratisation des capacités :

Quelles expertises autrefois rares pourraient devenir largement accessibles ?

*Exemple :* Dans le conseil juridique, l'IA pourrait rendre accessibles aux PME des analyses juridiques sophistiquées autrefois réservées aux grandes entreprises, transformant le modèle économique des cabinets.

## Exercice pratique : Atelier de prospective IA

Pour explorer méthodiquement ces disruptions potentielles, organisez un atelier structuré avec votre équipe :

**Préparation (2-3 semaines avant) :**

- Constituez une équipe diverse (métiers, âges, profils)
- Rassemblez des informations sur les tendances IA et sectorielles
- Identifiez 3-5 hypothèses disruptives à explorer

**Déroulement de l'atelier (1 journée) :**

1. Phase d'immersion (1h) :

   - Présentations d'experts sur les tendances IA
   - Exemples de disruptions dans d'autres secteurs
   - Partage des signaux faibles déjà observés

2. Phase de divergence (2h) :

   - Brainstorming structuré autour des vecteurs de disruption
   - Technique des "Et si..." (Et si l'IA rendait X gratuit ? Et si Y devenait instantané ?)
   - Construction de scénarios extrêmes sans autocensure

3. Phase d'approfondissement (2h) :

   - Sélection des 3 scénarios les plus impactants
   - Analyse détaillée : implications pour clients, concurrents, partenaires
   - Identification des signes précurseurs à surveiller

4. Phase de convergence (2h) :

   - Évaluation des opportunités et menaces pour votre entreprise
   - Définition des capacités à développer pour chaque scénario
   - Élaboration d'une feuille de route "no regret" (actions utiles quel que soit le scénario)

**Suivi (dans les semaines suivantes) :**

- Création d'un "radar de disruption" avec indicateurs à surveiller
- Intégration des insights dans la planification stratégique
- Mise en place d'expérimentations pour tester les hypothèses clés

*Exemple concret :* Une banque régionale a organisé un tel atelier et identifié que l'IA pourrait transformer radicalement le conseil patrimonial, traditionnellement réservé aux clients fortunés. En anticipant cette démocratisation, elle a développé une offre hybride (IA + conseillers) pour les segments intermédiaires, capturant un nouveau marché avant ses concurrents.

## Stratégies de réponse aux disruptions

Face aux disruptions potentielles, plusieurs postures stratégiques sont possibles :

**Stratégie défensive : Protéger le cœur de métier**

Utilisez l'IA pour renforcer vos avantages concurrentiels actuels.
*Actions concrètes :*

- Automatisez pour réduire drastiquement les coûts
- Personnalisez à l'extrême votre offre existante
- Développez des barrières à l'entrée basées sur vos données propriétaires
- Renforcez la relation client par des expériences augmentées

*Exemple :* Une chaîne hôtelière face aux plateformes de location entre particuliers a utilisé l'IA pour créer un système d'hyperpersonnalisation du séjour impossible à répliquer par les particuliers, renforçant sa proposition de valeur distinctive.

**Stratégie offensive : Devenir le disrupteur**

Prenez les devants en développant vous-même les modèles disruptifs.

*Actions concrètes :*

- Créez une entité séparée avec plus d'autonomie
- Développez de nouveaux modèles économiques basés sur l'IA
- Formez des alliances stratégiques avec des acteurs technologiques
- Investissez dans des startups disruptives de votre secteur

*Exemple :* Un assureur traditionnel a créé une filiale autonome proposant une assurance auto entièrement basée sur l'IA (tarification en temps réel, prévention personnalisée), cannibalisant partiellement son offre traditionnelle mais capturant un nouveau segment de marché.

## Stratégie adaptative : Flexibilité et options réelles

Développez une capacité d'adaptation rapide face à l'incertitude.

*Actions concrètes :*

- Investissez dans des capacités IA modulaires et réutilisables
- Développez un portefeuille d'expérimentations à faible coût
- Créez des partenariats flexibles donnant accès à diverses technologies
- Adoptez des méthodes de développement agiles à l'échelle

*Exemple :* Un groupe média a développé une plateforme technique modulaire lui permettant d'intégrer rapidement différentes technologies IA émergentes, testant simultanément plusieurs modèles de monétisation et pivotant rapidement vers les plus prometteurs.

## Stratégie collaborative : Écosystème et coopétition

Créez ou rejoignez des écosystèmes pour mutualiser ressources et risques.

*Actions concrètes :*

- Initiez des consortiums sectoriels autour de l'IA
- Développez des plateformes ouvertes avec partenaires et même concurrents
- Participez à des initiatives de données partagées
- Co-créez avec clients et fournisseurs

*Exemple :* Plusieurs banques européennes ont formé un consortium pour développer une solution IA de lutte contre le blanchiment, mutualisant coûts et données tout en conservant leur indépendance commerciale.

La stratégie optimale combine souvent ces différentes approches, adaptées à différentes parties de votre activité selon leur maturité et exposition aux disruptions.

# Développer une capacité d'adaptation continue

Au-delà des tendances spécifiques, la clé du succès à long terme est de développer une organisation capable de s'adapter en continu aux évolutions de l'IA.

## Créer une organisation apprenante

L'apprentissage organisationnel devient une compétence critique dans un environnement en évolution rapide.

**Structures d'apprentissage :**

- **Communautés de pratique IA :** Réseaux transverses partageant connaissances et expériences.

*Exemple concret :* Une entreprise industrielle a créé 5 communautés thématiques (vision par ordinateur, NLP, prédictif, etc.) réunissant experts techniques et métiers, avec sessions mensuelles et plateforme de partage.

- **Laboratoires d'innovation :** Espaces dédiés à l'expérimentation rapide.

*Exemple concret :* Un retailer a établi un "AI Garage" où des équipes mixtes (data scientists, opérationnels, clients) peuvent prototyper des solutions en quelques semaines avec des données réelles.

- **Partenariats académiques :** Collaborations avec la recherche pour anticiper les avancées.

*Exemple concret :* Une entreprise pharmaceutique a créé des doctorats en entreprise cofinancés avec plusieurs universités, assurant un flux constant de connaissances de pointe.

**Pratiques d'apprentissage :**

- **Revues post-mortem systématiques :** Analyse approfondie des succès et échecs.

*Exemple concret :* Une entreprise technologique organise des "AI Failure Parties" trimestrielles où les équipes présentent leurs échecs et apprentissages dans un cadre constructif et valorisant.

- **Rotation des talents :** Circulation des connaissances entre équipes et projets.

*Exemple concret :* Un groupe bancaire a institué un programme où les data scientists passent 20% de leur temps à collaborer sur des projets d'autres départements.

- **Veille collaborative :** Système distribué de surveillance des tendances.

*Exemple concret :* Une entreprise de conseil a développé un système où chaque collaborateur suit quelques sources spécifiques et partage les insights pertinents, créant une veille collective bien plus vaste que ce qu'une équipe dédiée pourrait accomplir.

## Développer l'agilité organisationnelle

L'agilité devient un avantage concurrentiel clé face à l'évolution rapide de l'IA.

**Structures agiles :**

- **Équipes pluridisciplinaires autonomes :** Groupes auto-organisés avec toutes les compétences nécessaires.

*Exemple concret :* Une compagnie d'assurance a réorganisé ses équipes en "squads" autonomes combinant data scientists, développeurs, experts métier et designers, chacune responsable d'une partie du parcours client.

- **Financement adaptatif :** Allocation des ressources flexible et évolutive.

*Exemple concret :* Une entreprise industrielle a remplacé son processus budgétaire annuel par un système de financement trimestriel pour ses projets IA, avec réévaluation continue basée sur des métriques d'impact.

- **Gouvernance à deux vitesses :** Processus différenciés selon le niveau de risque.

*Exemple concret :* Un groupe pharmaceutique a créé un "fast track" pour les projets IA à faible risque réglementaire, permettant des cycles d'innovation de quelques semaines, tout en maintenant un processus plus rigoureux pour les applications critiques.

**Pratiques agiles :**

- **Expérimentation continue :** Culture du test rapide et de l'apprentissage.

*Exemple concret :* Un e-commerçant a mis en place une plateforme permettant de tester simultanément des dizaines de modèles IA sur des sous-ensembles de clients, avec évaluation automatisée des performances.

- **Cycles courts :** Itérations rapides avec feedback fréquent.

*Exemple concret :* Une entreprise média a adopté des sprints de deux semaines pour tous ses projets IA, avec démonstrations obligatoires aux utilisateurs finaux à chaque fin de sprint.

- **Décentralisation encadrée :** Autonomie locale dans un cadre commun.

*Exemple concret :* Un groupe de distribution a défini un "AI Playbook" central (principes, standards, composants réutilisables) tout en donnant aux équipes magasin la liberté d'adapter et déployer les solutions selon leurs besoins spécifiques.

## Cultiver le leadership de l'ère IA

Le leadership doit évoluer pour naviguer efficacement dans l'ère de l'IA.

**Nouvelles compétences de leadership :**

- **Pensée systémique :** Capacité à comprendre les interactions complexes et les effets de second ordre.

*Exemple concret :* Un programme de développement pour dirigeants incluant des simulations complexes où les décisions IA dans un domaine ont des répercussions inattendues dans d'autres, développant la vision holistique.

- **Confort avec l'ambiguïté :** Capacité à prendre des décisions avec information incomplète.

*Exemple concret :* Des ateliers de décision en environnement incertain, où les dirigeants doivent définir des stratégies IA avec différents niveaux d'information, développant leur tolérance à l'ambiguïté.

- **Intelligence collaborative :** Capacité à orchestrer l'intelligence collective humaine et artificielle.

*Exemple concret :* Un programme où les dirigeants apprennent à concevoir et faciliter des processus décisionnels hybrides, combinant expertise humaine et insights IA.

**Pratiques de leadership :**

- **Narration stratégique :** Capacité à créer une vision inspirante de l'avenir avec l'IA.

*Exemple concret :* Des ateliers de storytelling stratégique où les dirigeants développent des récits convaincants sur la transformation IA de leur organisation, adressant espoirs et craintes.

- **Questionnement puissant :** Poser les questions qui orientent l'innovation.

*Exemple concret :* Une pratique de "question du trimestre" où la direction pose une question ambitieuse (ex: "Comment l'IA pourrait-elle réduire notre impact environnemental de 50% ?") qui oriente l'exploration des équipes.

- **Humilité épistémique :** Reconnaissance des limites de sa connaissance.

*Exemple concret :* Des sessions "reverse mentoring" où des experts IA juniors partagent leurs connaissances avec les dirigeants seniors, institutionnalisant l'apprentissage bidirectionnel.

# Cas pratique : Exercice de prospective pour votre entreprise

Pour mettre en pratique ces concepts, voici un exercice structuré que vous pouvez réaliser avec votre équipe de direction :

**Objectif :** Développer une vision prospective de votre entreprise à l'ère de l'IA avancée et identifier les capacités d'adaptation à développer.

**Format :** Atelier d'une journée avec votre équipe de direction élargie.

### Étape 1 : Voyage dans le futur (90 minutes)

Divisez les participants en petits groupes et demandez-leur d'imaginer votre entreprise dans 5 ans, dans un monde où l'IA a évolué rapidement :

- Quels produits/services proposez-vous ?
- Comment vos clients interagissent-ils avec vous ?
- Comment votre organisation fonctionne-t-elle au quotidien ?
- Quelles nouvelles compétences sont devenues essentielles ?
- Quels concurrents traditionnels ont disparu et quels nouveaux acteurs sont apparus ?

Chaque groupe présente sa vision, en identifiant les points communs et divergences.

## Étape 2 : Analyse des écarts (90 minutes)

À partir de ces visions du futur, identifiez collectivement :

- Les capacités actuelles qui resteront pertinentes
- Les nouvelles capacités à développer
- Les compétences et pratiques qui pourraient devenir obsolètes
- Les principaux obstacles à surmonter pour réaliser cette transformation

## Étape 3 : Conception du voyage (120 minutes)

Élaborez une feuille de route pour développer votre capacité d'adaptation :

- Quelles structures d'apprentissage et d'innovation mettre en place ?
- Quelles pratiques de travail faire évoluer ?
- Quels mécanismes de veille et d'anticipation développer ?
- Comment faire évoluer la culture et le leadership ?
- Quelles expérimentations lancer dès maintenant ?

## Étape 4 : Engagements concrets (60 minutes)

Terminez par des engagements individuels et collectifs :

- 3 actions que chaque participant s'engage à mettre en œuvre dans les 30 jours
- 3 initiatives collectives à lancer dans les 90 jours
- 3 indicateurs pour mesurer votre progression vers une organisation plus adaptative

*Exemple concret :* Une entreprise de services B2B a réalisé cet exercice et identifié que sa capacité d'adaptation dépendait critiquement de la fluidité des connaissances entre équipes. Elle a lancé trois initiatives : un programme de rotation systématique des talents, une plateforme de partage de connaissances gamifiée, et des "journées d'immersion" où les collaborateurs découvrent d'autres métiers. Six mois plus tard, le temps de déploiement des innovations IA avait diminué de 40%.

## Conclusion : Votre plan d'action personnalisé

Ce chapitre vous a présenté les tendances émergentes en IA, les approches pour anticiper les disruptions sectorielles, et les stratégies pour développer une capacité d'adaptation continue.

Retenez ces points essentiels :

1. **L'avenir de l'IA sera transformationnel :** Les évolutions à venir (IA générative, systèmes autonomes, IA frugale, etc.) transformeront profondément les business models et les modes de travail
2. **La disruption est inévitable mais prévisible :** Une approche structurée d'anticipation vous permet d'identifier les vecteurs de transformation de votre secteur
3. **L'adaptation continue devient l'avantage concurrentiel ultime :** Au-delà des technologies spécifiques, c'est votre capacité organisationnelle à apprendre et évoluer qui fera la différence
4. **Le leadership doit évoluer :** Naviguer dans l'ère de l'IA requiert de nouvelles compétences de leadership, combinant vision systémique, confort avec l'ambiguïté et intelligence collaborative
5. **Le moment d'agir est maintenant :** Les fondations de votre capacité d'adaptation future se construisent aujourd'hui

Pour transformer ces insights en action, nous vous proposons un plan personnalisé en 10 étapes, à adapter selon votre contexte :

**Dans les 30 jours :**

1. Organisez un atelier de prospective IA avec votre équipe de direction
2. Identifiez 3-5 tendances IA particulièrement pertinentes pour votre secteur

3. Lancez une veille collaborative sur ces tendances clés

## Dans les 90 jours :

4. Développez un "radar de disruption" avec indicateurs à surveiller
5. Créez une communauté de pratique IA transverse dans votre organisation
6. Lancez 2-3 expérimentations à faible coût sur des technologies émergentes

## Dans les 6 mois :

7. Intégrez la prospective IA dans votre processus de planification stratégique
8. Mettez en place un programme de développement des compétences futures
9. Établissez des partenariats stratégiques (académiques, startups, etc.)
10. Développez une feuille de route d'adaptation organisationnelle à 18 mois

Ce plan n'est qu'un point de départ. L'essentiel est de commencer le voyage avec une vision claire, tout en restant flexible pour ajuster votre trajectoire au fur et à mesure que le paysage de l'IA évolue.

Comme le disait Alan Kay, pionnier de l'informatique : "La meilleure façon de prédire l'avenir est de l'inventer." Avec les bonnes capacités d'adaptation, votre entreprise ne se contentera pas de survivre à l'ère de l'IA - elle contribuera à la façonner.

# Conclusion : Votre voyage vers une entreprise augmentée par l'IA

Au terme de cet ouvrage, vous disposez désormais d'une vision complète de ce que signifie préparer votre entreprise à l'ère de l'intelligence artificielle. Ce voyage que nous avons parcouru ensemble vous a mené de l'auto-diagnostic initial jusqu'à la préparation pour l'avenir, en passant par tous les aspects essentiels de la transformation IA.

## Les messages clés à retenir

À travers les différents chapitres, plusieurs messages fondamentaux se sont dégagés :

### 1. L'IA est un voyage, pas une destination

La transformation IA n'est pas un projet ponctuel avec un début et une fin clairement définis. C'est un processus continu d'apprentissage, d'adaptation et d'évolution. Les entreprises qui réussissent sont celles qui développent une capacité permanente d'innovation et d'intégration des nouvelles possibilités offertes par l'IA.

### 2. La technologie n'est qu'une partie de l'équation

Si les aspects techniques sont importants, ils ne représentent qu'une fraction des facteurs de succès. La culture, l'organisation, les compétences, les processus et la gouvernance sont tout aussi cruciaux. Une stratégie IA réussie est avant tout une transformation business, pas seulement une initiative technologique.

### 3. L'humain reste au centre

Contrairement aux craintes souvent exprimées, l'IA ne remplace pas l'humain – elle l'augmente. Les organisations qui réussissent sont celles qui parviennent à créer une synergie entre intelligence humaine et artificielle, en se concentrant sur la complémentarité plutôt que sur la substitution.

## 4. Les données sont le fondement

Sans données de qualité, en quantité suffisante et correctement organisées, même les algorithmes les plus sophistiqués ne produiront que des résultats décevants. L'excellence dans la gestion des données est un prérequis incontournable de toute initiative IA réussie.

## 5. L'éthique n'est pas optionnelle

Les considérations éthiques doivent être intégrées dès la conception des systèmes IA, et non ajoutées après coup. Au-delà de l'impératif moral, c'est aussi un enjeu de conformité réglementaire, de réputation et de confiance des utilisateurs.

## 6. L'approche progressive est gagnante

Les déploiements progressifs avec apprentissage continu surpassent systématiquement les approches "big bang". Commencer petit mais concret, démontrer la valeur rapidement, puis étendre progressivement est la stratégie qui maximise les chances de succès.

## 7. L'adaptation continue devient l'avantage concurrentiel ultime

Dans un monde où l'IA évolue à un rythme accéléré, la capacité d'une organisation à apprendre, s'adapter et évoluer rapidement devient son avantage concurrentiel le plus durable.

## Votre parcours personnel

Chaque lecteur de cet ouvrage se trouve à un point différent de son parcours IA. Vous êtes peut-être :

- Un dirigeant cherchant à définir une vision et une stratégie IA pour votre organisation
- Un responsable métier souhaitant comprendre comment l'IA peut transformer votre domaine
- Un professionnel IT ou data voulant aligner vos initiatives techniques avec les besoins business
- Un entrepreneur réfléchissant à comment intégrer l'IA dans votre modèle d'affaires

Quel que soit votre point de départ, l'essentiel est de commencer ce voyage avec une vision claire, tout en restant flexible pour ajuster votre trajectoire au fur et à mesure que vous progressez et que le paysage de l'IA évolue.

## Les prochaines étapes

Pour transformer les connaissances acquises en actions concrètes, nous vous suggérons de :

1. **Réaliser votre auto-diagnostic** en utilisant les outils du chapitre 1 pour déterminer précisément où se situe votre entreprise

2. **Identifier vos opportunités prioritaires** en appliquant la méthodologie du chapitre 3 pour cartographier les cas d'usage les plus pertinents dans votre contexte

3. **Élaborer votre stratégie IA** en suivant le processus décrit au chapitre 4, en veillant à l'aligner avec vos objectifs business globaux

4. **Évaluer et améliorer votre patrimoine de données** selon les principes du chapitre 5, fondation indispensable de toute initiative IA

5. **Préparer vos équipes** en appliquant les approches du chapitre 6 pour développer les compétences et la culture nécessaires

6. **Lancer vos premiers projets pilotes** en choisissant judicieusement vos solutions et partenaires comme expliqué au chapitre 7

7. **Mesurer rigoureusement les résultats** en utilisant les cadres du chapitre 8 pour démontrer la valeur et ajuster votre approche

8. **Intégrer l'éthique dès la conception** en suivant les recommandations du chapitre 9 pour une IA responsable et conforme

9. **Apprendre des expériences d'autres entreprises** en vous inspirant des études de cas du chapitre 10 pour éviter les écueils communs

10. **Développer votre capacité d'adaptation** en mettant en œuvre les pratiques du chapitre 11 pour rester à la pointe dans un environnement en évolution rapide

## Un mot d'encouragement

Le voyage vers une entreprise augmentée par l'IA peut sembler intimidant, mais rappelez-vous que toutes les organisations qui réussissent aujourd'hui ont commencé quelque part. Elles n'avaient pas toutes les réponses au départ, mais elles ont eu le courage de faire les premiers pas, la sagesse d'apprendre de leurs expériences, et la persévérance de continuer malgré les obstacles.

Votre entreprise est-elle prête pour l'IA ? La vraie question n'est peut-être pas d'être "prêt" dans le sens d'une préparation parfaite, mais plutôt d'être "en mouvement" – engagé dans un processus continu d'apprentissage et d'adaptation.

Comme le disait le philosophe chinois Lao Tseu : "Un voyage de mille lieues commence toujours par un premier pas." Ce livre vous a fourni la carte et la boussole. À vous maintenant de commencer le voyage.

Bonne route vers votre transformation IA !

# Glossaire des termes techniques

## A

**Agent IA** : Système d'intelligence artificielle conçu pour agir de manière autonome afin d'atteindre des objectifs spécifiques, souvent capable d'observer son environnement, de prendre des décisions et d'apprendre de ses expériences.

**Algorithme** : Ensemble de règles ou d'instructions précises permettant de résoudre un problème ou d'effectuer une tâche spécifique. En IA, les algorithmes constituent la base des systèmes d'apprentissage et de prise de décision.

**Analyse prédictive** : Utilisation de données historiques, de techniques statistiques et d'algorithmes d'apprentissage automatique pour identifier la probabilité d'événements futurs.

**Apprentissage automatique (Machine Learning)** : Branche de l'IA qui permet aux systèmes d'apprendre et de s'améliorer à partir de l'expérience sans être explicitement programmés. Les systèmes identifient des modèles dans les données et améliorent leurs performances au fil du temps.

**Apprentissage fédéré** : Technique permettant d'entraîner des algorithmes sur plusieurs appareils ou serveurs décentralisés sans échanger les données brutes, préservant ainsi la confidentialité.

**Apprentissage non supervisé** : Type d'apprentissage automatique où l'algorithme identifie des modèles et des structures dans des données non étiquetées, sans guidance humaine sur les résultats attendus.

**Apprentissage par renforcement** : Type d'apprentissage automatique où un agent apprend à prendre des décisions en interagissant avec un environnement et en recevant des récompenses ou des pénalités en fonction de ses actions.

**Apprentissage profond (Deep Learning)** : Sous-ensemble de l'apprentissage automatique utilisant des réseaux de neurones artificiels à plusieurs couches pour modéliser des abstractions de haut niveau dans les données.

**Apprentissage supervisé** : Type d'apprentissage automatique où l'algorithme est entraîné sur des données étiquetées, apprenant à associer des entrées spécifiques à des sorties connues.

**Architecture data** : Structure organisationnelle des systèmes de données d'une entreprise, incluant les bases de données, les outils d'analyse et les flux d'information.

**Automatisation intelligente** : Combinaison de l'automatisation des processus avec l'intelligence artificielle pour automatiser des tâches complexes nécessitant un certain degré de jugement ou d'adaptation.

## B

**Biais algorithmique** : Erreur systématique dans un système d'IA qui conduit à des résultats injustes ou discriminatoires, souvent due à des biais présents dans les données d'entraînement ou dans la conception de l'algorithme.

**Big Data** : Ensembles de données extrêmement volumineux, variés et véloces qui nécessitent des technologies et méthodes avancées pour leur capture, stockage, distribution, gestion et analyse.

**Business Intelligence (BI)** : Ensemble de technologies, applications et pratiques pour la collecte, l'intégration, l'analyse et la présentation d'informations commerciales.

# C

**Chatbot** : Programme informatique conçu pour simuler une conversation avec des utilisateurs humains, généralement via des interfaces textuelles ou vocales.

**Classification** : Tâche d'apprentissage automatique consistant à attribuer une catégorie ou une classe à une donnée d'entrée.

**Cloud computing** : Fourniture de services informatiques (serveurs, stockage, bases de données, réseaux, logiciels) via Internet, permettant un accès flexible et à la demande.

**Clustering** : Technique d'apprentissage non supervisé qui regroupe des données similaires en clusters ou segments sans étiquettes prédéfinies.

**Computer Vision (Vision par ordinateur)** : Domaine de l'IA qui permet aux machines d'interpréter et de comprendre le contenu visuel (images et vidéos).

# D

**Data Lake** : Référentiel centralisé permettant de stocker tous les types de données structurées et non structurées à n'importe quelle échelle.

**Data Mining (Exploration de données)** : Processus d'analyse de grands ensembles de données pour découvrir des modèles, des corrélations et des tendances.

**Data Warehouse (Entrepôt de données)** : Système conçu pour l'analyse et le reporting, qui centralise et consolide les données provenant de diverses sources.

**Deep Learning (Apprentissage profond)** : Sous-ensemble de l'apprentissage automatique utilisant des réseaux de neurones artificiels à plusieurs couches pour modéliser des abstractions de haut niveau dans les données.

**Differential Privacy** : Technique permettant de partager des informations sur un ensemble de données tout en préservant la confidentialité des individus dont les informations sont dans l'ensemble.

## E

**Edge AI (IA en périphérie)** : Déploiement de capacités d'IA directement sur des appareils périphériques (smartphones, capteurs IoT, équipements industriels) plutôt que dans le cloud, permettant un traitement local des données.

**Explicabilité** : Capacité d'un système d'IA à expliquer ses décisions ou prédictions d'une manière compréhensible pour les humains.

## F

**Feature Engineering (Ingénierie des caractéristiques)** : Processus de sélection et de transformation des variables d'entrée pour améliorer les performances des algorithmes d'apprentissage automatique.

**Federated Learning (Apprentissage fédéré)** : Technique d'apprentissage automatique où le modèle est entraîné sur plusieurs appareils décentralisés sans échanger les données brutes.

## G

**Gouvernance des données** : Ensemble de processus, politiques, standards et métriques qui assurent l'utilisation efficace et sécurisée des données dans une organisation.

**GPT (Generative Pre-trained Transformer)** : Famille de modèles de langage basés sur l'architecture Transformer, capables de générer du texte cohérent et contextuel.

## H

**Homomorphic Encryption (Chiffrement homomorphe)** : Technique de cryptographie permettant d'effectuer des calculs sur des données chiffrées sans les déchiffrer au préalable.

## I

**IA conversationnelle** : Systèmes d'IA capables d'engager des conversations naturelles avec les humains, comme les chatbots et les assistants vocaux.

**IA générative** : Systèmes d'IA capables de créer du contenu original (texte, images, musique, vidéo) en apprenant les modèles et structures des données d'entraînement.

**Intelligence artificielle (IA)** : Simulation de l'intelligence humaine par des machines, notamment la capacité d'apprendre, de raisonner et de s'auto-corriger.

**IoT (Internet of Things)** : Réseau d'objets physiques connectés à Internet, capables de collecter et d'échanger des données.

## K

**KPI (Key Performance Indicator)** : Indicateur clé de performance utilisé pour mesurer le succès d'une activité ou d'un projet.

## L

**Large Language Model (LLM)** : Modèle d'IA entraîné sur d'énormes quantités de texte, capable de comprendre et de générer du langage humain avec un haut degré de sophistication.

**M**

**Machine Learning (Apprentissage automatique)** : Branche de l'IA qui permet aux systèmes d'apprendre et de s'améliorer à partir de l'expérience sans être explicitement programmés.

**MLOps** : Pratiques visant à déployer et maintenir des modèles de machine learning en production de manière fiable et efficace.

**Modèle prédictif** : Algorithme qui utilise des données historiques pour prédire des résultats futurs.

**N**

**Natural Language Processing (NLP)** : Domaine de l'IA qui permet aux machines de comprendre, interpréter et générer le langage humain.

**Neurone artificiel** : Unité de calcul de base dans un réseau de neurones artificiels, inspirée du fonctionnement des neurones biologiques.

**O**

**Overfitting (Surapprentissage)** : Situation où un modèle d'apprentissage automatique apprend trop spécifiquement des données d'entraînement et perd en capacité de généralisation.

**P**

**People Analytics** : Utilisation de données et d'analyses avancées pour comprendre et optimiser la performance, l'engagement et le développement des employés.

**Personnalisation** : Adaptation des produits, services ou contenus aux préférences individuelles des utilisateurs, souvent basée sur l'analyse de leurs comportements et caractéristiques.

**Plateforme IA** : Infrastructure technologique intégrée permettant de développer, déployer et gérer des applications d'intelligence artificielle.

**Prédiction** : Estimation d'un résultat futur basée sur des données historiques et des modèles statistiques ou d'apprentissage automatique.

**Privacy-preserving AI** : Approches et techniques permettant de développer des systèmes d'IA tout en protégeant la confidentialité des données utilisées.

## R

**Reconnaissance d'images** : Capacité d'un système d'IA à identifier et classifier des objets, des personnes ou des scènes dans des images numériques.

**Reconnaissance faciale** : Technologie capable d'identifier ou de vérifier l'identité d'une personne à partir d'une image ou d'une vidéo de son visage.

**Reconnaissance vocale** : Technologie permettant de convertir la parole humaine en texte ou en commandes compréhensibles par une machine.

**Régression** : Type d'analyse prédictive visant à estimer la relation entre variables pour prédire une valeur continue.

**Réseau de neurones artificiels** : Modèle de calcul inspiré du fonctionnement du cerveau humain, composé de neurones artificiels interconnectés organisés en couches.

**Robustesse** : Capacité d'un système d'IA à maintenir ses performances face à des perturbations, des données aberrantes ou des attaques.

**ROI (Return on Investment)** : Mesure de la rentabilité d'un investissement, calculée en divisant le bénéfice net par le coût de l'investissement.

**S**

**Segmentation** : Division d'un ensemble de données ou d'une population en groupes distincts partageant des caractéristiques similaires.

**Système expert** : Programme informatique qui émule la capacité de prise de décision d'un expert humain dans un domaine spécifique.

**Système multi-agents** : Ensemble d'agents IA autonomes qui interagissent entre eux pour résoudre des problèmes complexes.

**T**

**Traitement du langage naturel (NLP)** : Domaine de l'IA qui permet aux machines de comprendre, interpréter et générer le langage humain.

**Transfer Learning (Apprentissage par transfert)** : Technique où un modèle développé pour une tâche est réutilisé comme point de départ pour un modèle sur une seconde tâche.

**U**

**Underfitting (Sous-apprentissage)** : Situation où un modèle d'apprentissage automatique est trop simple pour capturer la structure sous-jacente des données.

**UX (User Experience)** : Expérience globale d'une personne utilisant un produit, notamment ses perceptions d'utilité, de facilité d'utilisation et d'efficacité.

# V

**Validation croisée** : Technique d'évaluation des modèles d'apprentissage automatique qui teste leur capacité à généraliser sur des données indépendantes.

**Vision par ordinateur** : Domaine de l'IA qui permet aux machines d'interpréter et de comprendre le contenu visuel (images et vidéos).